BOGART DUPLO DE BOGART

Pistas da *persona* cinematográfica de
Humphrey Bogart, 1941-1946

Luís Felipe Sobral

BOGART DUPLO DE BOGART
Pistas da *persona* cinematográfica de Humphrey Bogart, 1941-1946

   TN TERCEIRO NOME

Coleção Antropologia Hoje

Conselho Editorial José Guilherme Cantor Magnani (diretor) – NAU/USP
Luiz Henrique de Toledo – UFSCar
Renata Menezes – MN/UFRJ
Ronaldo de Almeida – Unicamp/Cebrap
Luis Felipe Kojima Hirano (Coord.) – FSC-UFG

Editora Terceiro Nome

Direção Mary Lou Paris
Edição e Assessoria de imprensa Daniel Navarro Sonim
Administração e vendas Dominique Ruprecht Scaravaglioni
Douglas Bianchi
Nathália Braz
Revisão Lila Rodriguez Zanetti
Diagramação e capa Antonio Kehl

Nesta edição, respeitou-se o novo Acordo Ortográfico da Língua Portuguesa.

Dados Internacionais de Catalogação na Publicação (CIP)

S677b Sobral, Luís Felipe.
Bogart duplo de Bogart : pistas da persona cinematográfica de Humphrey Bogart, 1941-1946 / Luís Felipe Sobral. – São Paulo : Terceiro Nome, 2015.
152 p.; 21 cm – (Antropologia hoje)

Inclui bibliografia.
ISBN 978-85-7816-159-0

1. Cinema americano - Ensaios. 2. Bogart, Jumphrey, 1899-1957. 3. Cinema - Estados Unidos - História. 4. Etnologia histórica. I. Título. II. Série.

CDU 791.43(73)
CDD 791.430973

Índice para catálogo sistemático:
1. Cinema americano : Ensaios   791.43(73)

Copyright © Luís Felipe Sobral 2015

Todos os direitos desta edição reservados à
EDITORA TERCEIRO NOME
Rua Cayowaá, 895
05018-001 – São Paulo – SP
www.terceironome.com.br
fone 55 11 3816 0333

*Aos meus pais, Regina e Antonio,
que me trouxeram até aqui*

Ao outro, a Borges, é que sucedem as coisas. Eu caminho por Buenos Aires e me demoro, talvez já mecanicamente, para olhar o arco de um vestíbulo e o portão gradeado; de Borges tenho notícias pelo correio e vejo seu nome numa lista tríplice de professores ou num dicionário biográfico. Agradam-me os relógios de areia, os mapas, a tipografia do século XVIII, as etimologias, o gosto do café e a prosa de Stevenson; o outro compartilha essas preferências, mas de um modo vaidoso que as transforma em atributos de um ator. Seria exagerado afirmar que nossa relação é hostil; eu vivo, eu me deixo viver, para que Borges possa tramar sua literatura, e essa literatura me justifica. Não me custa nada confessar que alcançou certas páginas válidas, mas essas páginas não podem me salvar, talvez porque o bom já não seja de ninguém, nem mesmo do outro, mas da linguagem ou da tradição. Além disso, estou destinado a perder-me, definitivamente, e só um ou outro instante de mim poderá sobreviver no outro. Pouco a pouco lhe vou cedendo tudo, embora conheça seu perverso costume de falsear e magnificar. Spinoza entendeu que todas as coisas querem perseverar em seu ser; a pedra eternamente quer ser pedra e o tigre um tigre. Eu permanecerei em Borges, não em mim (se é que sou alguém), mas me reconheço menos em seus livros do que em muitos outros, ou do que no laborioso rasqueado de uma guitarra. Há alguns anos tentei livrar-me dele e passei das mitologias do arrabalde aos jogos com o tempo e com o infinito, mas esses jogos agora são de Borges e terei de imaginar outras coisas. Assim minha vida é uma fuga e tudo eu perco e tudo é do esquecimento, ou do outro.

Não sei qual dos dois escreve esta página.

Jorge Luis Borges
Borges e eu

SUMÁRIO

Cinema, performance e masculinidade – *Heloisa Pontes*   11

Introdução   17

I.   O beijo de Spade   23

II.   O triângulo amoroso   77

III. A caixa de fósforos   107

Agradecimentos   133

Bibliografia   137

Filmes citados   141

Ficha técnica dos filmes analisados   145

CINEMA, PERFORMANCE E MASCULINIDADE

Heloisa Pontes

Quando o assunto é a masculinidade – e o imaginário social envolvido por ela –, Humphrey Bogart (1899-1957) e Jon Hamm (nascido em 1971) são referências obrigatórias. Indissociável, de início, do detetive durão, Bogart fez fama no cinema norte-americano e virou um ícone da masculinidade. Jon Hamm, por sua vez, atuando na televisão, colou-se a tal ponto no personagem que o celebrizou, Don Draper, que um parece não existir sem o outro. Ao longo de quase oito anos, entre 2007 e 2015, como protagonista da série *Mad Men*, ele deu vida a um brilhante publicitário, de passado obscuro, casado duas vezes com mulheres lindas, mas envolvido em crises pessoais e tórridos romances extraconjugais, na avançada – para os padrões de moralidade norte-americanos do final dos anos de 1950 a meados dos anos 1970 – cidade de Nova York.

Nos distantes anos de 1940, o público que ia ao cinema ver os filmes em que Bogart atuava procurava antes de tudo por ele e menos pelos personagens que o ator interpretava. Ainda que em outro suporte e pautado pela convenção narrativa das séries televisivas, Jon Hamm suscitou um movimento análogo, mas em sentido inverso. Para todos e, especialmente para todas que se deixaram incendiar pelo personagem que ele corporificou, o que se buscava era menos Jon Hamm e mais Don Draper. Misto de homem durão, sedutor e melancólico, sua masculinidade ecoa a de Bogart, perpassada por instantes de vulnerabilidade.

Eis aí a grande diferença entre os intérpretes de cinema e televisão quando contrastados aos atores e atrizes de teatro. A notoriedade no palco advém da capacidade de encarnar as mais diversas personagens. Fazendo de seus corpos o suporte privilegiado para a reconversão de experiências alheias, atores e atrizes se tornam célebres quando dominam as convenções cênicas a ponto de burlar constrangimentos de classe, gênero e idade, infundindo às personagens uma pletora de significados novos e inesperados. Já no cinema clássico, "os mais típicos atores e atrizes são sempre sensivelmente iguais a si mesmos", pois "em última análise simbolizam e exprimem um sentimento coletivo".[1]

A sueca Greta Garbo (1905-1990) talvez seja o caso mais emblemático dessa transmutação. Para os aficionados pelas artes da representação, ela permanece como um ícone de feminilidade, mesmo que as convenções cênicas e os padrões de beleza não sejam mais os mesmos da época em que ela se tornou uma celebridade no cinema e fora dele. Sua "inacessibilidade" quase mítica, advinda dos tipos de mulher que interpretou, foi reforçada pelo abandono inesperado da carreira no auge de seus 36 anos. Por isso, o que persiste de Garbo não é propriamente a atriz, "mas essa personagem de ficção cujas raízes sociológicas são muito mais poderosas do que a pura emanação dramática".[2]

O teatro, ao contrário, por ser uma arte da alteridade e da presença, ao mesmo tempo em que liberta os intérpretes de si mesmos, não lhes assegura, como no cinema, os louros da imortalidade propiciados pela possibilidade de revê-los infinitamente nos papéis que protagonizaram. No teatro, os atores e as atrizes estão sujeitos aos "infortúnios" da tem-

---

[1] Cf. Paulo Emílio Salles Gomes, "A personagem cinematográfica". In: Antonio Candido, Anatol Rosenfeld, Décio de Almeida Prado e Paulo Emílio Salles Gomes, *A personagem de ficção*, 9ª ed. São Paulo, Perspectiva, 1992, p. 114.

[2] Id., ibid.

poralidade. Nas palavras de Fernanda Montenegro, "quando um ator para o ato teatral, nada fica, a não ser a memória de quem o viu".[3] Assim, enquanto o texto encenado pode ser consultado séculos depois da primeira montagem, o espetáculo só sobrevive no testemunho dos que estiveram presentes, nos programas impressos, nas críticas publicadas.

Se o cinema não padece dessa limitação, visto que os filmes podem sempre ser revistos, ele coloca problemas específicos (e não menores) para os analistas, como mostra Luís Felipe Sobral neste livro. Interessado em desvelar os filmes como um "artefato cultural oriundo de uma experiência social, localizada no tempo e no espaço", Sobral partilha com os historiadores da arte o desafio de analisar um objeto produzido no passado, mas que "está material e visualmente vivo e presente entre nós".[4] Esse é o ponto de partida do autor para refazer o trajeto da *persona* cinematográfica de Humphrey Bogart no período em que ela ainda estava em elaboração. O curtíssimo espaço de tempo em que isso se produziu (entre 1941 e 1946) e o fato de Sobral lidar com imagens bem mais recentes do que grande parte dos quadros estudados pelos historiadores da arte não tornam a sua tarefa menos complicada que a deles.

Por sua condição a um só tempo visual e material, tanto os filmes quanto os quadros – apesar da temporalidade diversa que os enfeixa – tendem a criar uma relação de falsa familiaridade, produzindo, nos termos de Bourdieu, a "semicompreensão ilusória" que "impede-nos de perceber toda a distância entre os esquemas de percepção e apreciação"[5] que aplicamos (seja aos quadros, seja aos filmes) e o que eles exigem para serem

---

[3] Cf. Fernanda Montenegro, "Aula inaugural", reproduzida in: Fernanda Montenegro, *Viagem ao outro: sobre a arte do ator,* Rio de Janeiro, Fundacen, 1988, p. 13.

[4] Cf. Helena Angotti Salgueiro, "Introdução à edição brasileira". In: Michael Baxandall, *Padrões de intenção: a explicação histórica dos quadros,* São Paulo, Companhia das Letras, 2006, p. 10.

[5] Cf. Pierre Bourdieu, *As regras da arte: gênese e estrutura do campo literário,* tr. de Maria Lucia Machado, São Paulo, Companhia das Letras, 1996, p. 351.

decifrados como documentos de uma experiência visual e social – seja ela próxima, longínqua ou distinta da nossa.

Para escapar dessa armadilha, Sobral valeu-se do preceito metodológico praticado por Baxandall: aprendeu a "ler" um quadro – no seu caso, os filmes que marcaram o início da carreira de Bogart – como se estivesse aprendendo a "ler um texto proveniente de outra cultura".[6] Ler para descrever e, assim, analisar. Essa tríplice operação implica o reconhecimento de que a descrição (de um quadro e também de um filme) é menos uma representação do que vemos neles "do que uma representação do que pensamos ter visto" neles.[7] Precisa, a advertência de Baxandall enquadra o desafio de Sobral: expressar com palavras o que ele viu nas imagens encenadas de Bogart. Só os desavisados achariam simples o tamanho dessa empreitada!

Trabalho de etnografia histórica, o livro de Sobral é um ensaio arrojado sobre a especificidade da performance no cinema, que amplia a formulação condensada de Walter Benjamim: o "ator cinematográfico típico só representa a si mesmo".[8] Inspirado nos usos que Ginzburg faz do paradigma indiciário, Sobral reconstrói o itinerário de produção da *persona* cinematográfica de Bogart e mostra, a partir de um texto enxuto e muitíssimo bem escrito, que essa *persona* não se resume aos personagens que ele encarnou, tampouco se concentra apenas nele como ator. Resultado da união dessas duas pontas, ela se alicerça na "tensão dramática entre a indiferença aparente e a vulnerabilidade súbita". Dessa tensão emanavam a força de sua atuação e a masculinidade a ela associada. Fosse apenas um detetive durão, um cínico em tempo integral, intransigentemente seguro de si, e ele não teria ultrapassado a condição dos homens

---

[6] Cf. Michael Baxandall, *O olhar renascente: pintura e experiência social na Itália da Renascença*, tr. de Maria Cecília Preto R. Almeida, Rio de Janeiro, Paz e Terra, 1991, p. 225.

[7] Michael Baxandall, *Padrões de intenção: a explicação histórica dos quadros*, p. 44.

[8] Cf. Benjamim, "A obra de arte na era de sua reprodutibilidade técnica". In: *Magia e técnica, arte e política. Ensaios sobre literatura e história da cultura*, tr. de Sergio Paulo Rouanet, São Paulo, Brasiliense, 1985, p. 182.

hiper masculinos representados na época pelos gângsteres, valentões e machões. Atiçada por lampejos de vulnerabilidade súbita, a masculinidade de Bogart dependeu dele como ator, de sua biografia e trajetória, do sistema de estúdios que caracterizava Hollywood na época, de seus múltiplos condicionantes (sociais, econômicos, culturais e políticos), das convenções narrativas que estruturavam e organizavam as histórias transpostas para o cinema, do repertório literário e cinematográfico dos envolvidos com a "sétima arte" em regime de produção industrial, das inquietações que ela despertava no público.

Para dar conta de tudo isso, Sobral faz uma leitura a contrapelo das fontes utilizadas: filmes, literatura, biografias, histórias do cinema. À maneira de um detetive, persegue as pistas que o levam a flagrar a *persona* de Bogart quando ela ainda está em esboço, no início dos anos de 1940, e não é evidente nem para o ator, nem para os intérpretes com os quais contracenou, tampouco para o público e para os profissionais do cinema de Hollywood. À medida que ela vai adquirindo contornos nítidos, Bogart ganha uma margem, estreitíssima, de autonomia em relação aos constrangimentos que modelavam a carreira dos atores na época. E com isso, ele se torna duplo dele mesmo e "refém" de sua *persona*. Enquanto o teatro "amplia uma diversidade temática", o cinema, nas palavras do autor, "concentra uma especialidade imagética".

Como antropólogo, Sobral ajusta o raciocínio afiado ao escrutínio quase cirúrgico – proporcional à sua perícia analítica – da performance de Bogart nos quatro filmes que marcaram o início de sua carreira: *O falcão maltês*, *Casablanca*, *Uma aventura na Martinica* e *À beira do abismo*. O primeiro, exibido em 1941, o último, em 1946. Nesse curto intervalo de tempo, perpassado por um evento de proporções mundiais (a Segunda Guerra), delineia-se, no plano da biografia de Bogart, a sobreposição do artista pela *persona*. Como mostra Sobral, resultado do efeito da crença partilhada no campo cinematográfico, sua eficácia "consiste em fazer *persona* e ator compartilharem, por meio da performance, o mesmo substrato, isto é, o próprio corpo do intérprete". Para alcançá-la e, a um só tempo, torná-la visível com o recurso da escrita, da descrição e da interpretação, Sobral monta um quebra-cabeça, cujo encaixe final depende de sua habilidade em selecionar as passagens mais significativas dos quatro filmes abordados para abrir cada um dos três capítulos do livro e, assim, introduzir o leitor no cerne do argumento. Condição essencial para encurtar a distância cognitiva entre ver e descrever, essa opção por fisgar um detalhe significativo permite revelar, nas palavras do autor, "a descontinuidade que se verifica entre a imagem visível na tela e seu processo invisível de produção". Graça a esse procedimento, alcançamos não só a *persona* de Bogart como entendemos as condições sociais, as convenções cênicas e as tecnologias de gênero que a sustentaram em um momento bem delimitado da história do cinema norte-americano.

O resultado é um ensaio genial que, interpelando o leitor pelo dispositivo narrativo, pelas pistas, pelos vestígios mobilizados, o transforma em um duplo do autor. Entremeado pelas visadas microscópicas e calibrado pela voltagem analítica de Sobral, *Bogart duplo de Bogart* traz uma profusão de contribuições para os estudos de gênero, para a antropologia do cinema e para a história social da cultura.

Heloisa Pontes é professora titular do Departamento de Antropologia da Unicamp. É autora de *Cultura e sociedade: Brasil e Argentina* (organizado em conjunto com Sergio Miceli, Edusp, 2014), *Intérpretes da metrópole* (Edusp/Fapesp, 2010, prêmio Anpocs 2011 de Melhor Obra Científica em Ciências Sociais) e *Destinos mistos* (Companhia das Letras, 1998).

INTRODUÇÃO

1.

Durante o período da Depressão, a romântica Cecilia buscava no cinema um refúgio de sua rotina provinciana, que se resumia ao trabalho de garçonete e ao casamento com um marido violento e vagabundo. Ela dirigiu-se várias vezes ao cinema local para rever uma aventura exótica, até que, em uma das sessões, o protagonista do filme saiu da tela e fugiu com ela. Diante desse acontecimento fantástico e inédito, seguiu-se uma crise: o público se inquietou, os outros personagens mostraram-se confusos, os produtores preocuparam-se com seus investimentos, o intérprete do desertor temeu por sua carreira ascendente. Cecilia apaixonou-se pelo idealista personagem, ignorante ainda de toda a mundanidade além-tela; porém fascinou-se também pelo ator que o encarnou. Nesse triângulo amoroso, entre a fantasia e a realidade como opções concretas e distintas, Cecilia escolheu a segunda. No entanto, assim que o personagem retornou ao filme, o ator voltou a Hollywood, e Cecilia, ao cinema.

2.

Nesse filme de Woody Allen, *A rosa púrpura do Cairo*, o caráter fantástico não irrompe simplesmente da distância que se interpõe entre o ator e seu personagem, mas da capacidade do segundo em atravessar a fronteira – no caso, a tela de cinema – que separa a fantasia da realidade. No cinema, artista (atores e atrizes) e personagem estão apartados. Eles convivem por um tempo na performance cujo substrato concreto é o corpo do intérprete, porém trata-se de um intervalo fugidio, que cabe ao olho da câmera registrar; depois, tais imagens são editadas – algumas delas, eventualmente descartadas – e acabam por compor um filme, cuja exibição depende do truque que o aparato técnico é capaz de proporcionar: a projeção de imagens fixas em uma velocidade que o olho humano não é capaz de acompanhar e, por isso, o cérebro atribui-lhes um movimento contínuo. A contribuição do artista para seu personagem é máxima e, no entanto, mínima diante do aparato, que domina por completo todo o processo: essa desproporção corresponde à descontinuidade entre o artista e sua imagem na tela.

Diante de um filme inédito estrelado por uma atriz ou um ator já estabelecido na indústria cinematográfica, o público mobilizava o repertório conhecido de personagens do artista e elaborava uma expectativa em certa medida precisa de sua atuação. Através desse cálculo prático destituído de qualquer intelectualismo, a *persona* artística do intérprete ultrapassava e se sobrepunha à série de seus personagens, de forma que, antes deles, trata-se sobretudo de Humphrey Bogart, Marilyn Monroe, John Wayne e assim por diante. No intuito de compreender esse mecanismo peculiar do cinema hollywoodiano, propenso a privilegiar os personagens de um artista que lhe franquearam o renome e, assim, uma posição estável, é preciso reconstituir as condições históricas de produção e percepção cinematográfica. A noção de *persona* cinematográfica consiste em um ponto de acesso particularmente conveniente, uma vez que estabelece a mediação entre a imagem artística e a trajetória social do artista; ela é um produto oriundo da relação histórica entre, de um lado, o intérprete e a estrutura de produção e, de outro, a imagem do intérprete e o público cinematográfico.

Em nenhum outro momento da história de Hollywood o fenômeno da *persona* cinematográfica é mais aparente do que na era dos estúdios, entre meados da década de 1910 e o fim dos anos 1950, no qual cada estúdio desenvolvia um estilo próprio e controlava toda a produção industrial de um filme, do roteiro à exibição. Nesse período, a autonomia relativa do artista era estreitíssima: o esboço de uma *persona*, que lhe proporcionaria maior autonomia, dependia demais do processo industrial, do qual ele detinha um controle ínfimo. Jamais a distância entre o artista e sua *persona* foi maior do que no sistema de estúdios.

A trajetória de Humphrey Bogart (1899-1957) propicia um bom exame da questão, na medida em que sua *persona* cinematográfica emergiu de forma linear, após anos de investimento em Hollywood, na primeira metade da década de 1940. Tal processo circunscreve exatamente o intervalo 1941-1946, no qual quatro filmes foram decisivos: *O falcão maltês*, de 1941, *Casablanca*, de 1942, *Uma aventura na Martinica*, de 1944, e *À beira do abismo*, de 1946. O primeiro e o último delineiam a figura detetivesca de Bogart; os outros dois são transformações dessa figura ao tema da guerra. Uma vez concluído esse processo, a figura de Bogart que se apresenta é aquela familiar ainda hoje, várias décadas após o falecimento do ator; nesse sentido, estas linhas descrevem um Bogart antes de tornar-se Bogart.

Ao longo desse percurso, é preciso mobilizar uma série de fontes distintas: biografias, historiografia, romances. No entanto, ao se examinar uma indústria completamente voltada à produção de imagens, e considerando que a *persona* cinematográfica é fabricada através de uma série de personagens, os filmes impõem-se como fonte privilegiada. Assim, os três capítulos deste ensaio partem da descrição de cenas capazes de servir de fio condutor ao argumento subsequente. No primeiro, trata-se de relacionar o estabelecimento de Bogart em Hollywood e sua conquista da categoria "estrela de cinema" em *O falcão maltês* com a cultura visual do cinema clássico, pautada em um processo cognitivo que aloja o público como o detetive da narrativa; dessa forma, discute-se ao mesmo tempo o procedimento historiográfico indiciário que orienta a análise. O segundo capítulo parte do triângulo amoroso de *Casablanca* para, de um lado, descrever o impacto da Segunda Guerra Mundial em Hollywood e na *persona* de Bogart e, de outro, mostrar como o filme foi pautado na força de uma forma religiosa para moldar sua mensagem política. O último capítulo anuncia a chegada da novata Lauren Bacall, dona de uma insolência capaz de conquistar Bogart dentro e fora das telas, garantindo-lhe, assim, uma posição estável na indústria e fornecendo a Bogart o último elemento que faltava para completar sua *persona*: o par romântico.

O custo elevado dos direitos de reprodução das imagens infelizmente impediram que elas fossem incluídas neste livro; em contrapartida, elas encontram-se facilmente na internet e, de qualquer forma, as imagens decisivas – as cenas dos filmes que abrem cada capítulo – não podem realmente ser apreendidas, além, é claro, de sua própria projeção, senão através das palavras.

3.

A inspiração analítica que orienta a análise da *persona* de Bogart é o conceito de "tecnologia do gênero", elaborado por Teresa de Lauretis a partir dos trabalhos de Michel Foucault sobre a sexualidade. No livro em que trata do desdobramento do feminismo como uma releitura, e também uma reescrita radical, das formas dominantes da cultura Ocidental, tarefa que tem em mira a inserção de um sujeito social engendrado, Lauretis escreve:

> Tal dificuldade, ou seja, a imbricação de gênero e diferença(s) sexual(ais), precisa ser desfeita e desconstruída. Para isso, pode-se começar a pensar o gênero a partir de uma visão teórica foucaultiana, que vê a sexualidade como

uma "tecnologia sexual"; desta forma, propor-se-ia que também o gênero, como representação e auto-representação, é produto de diferentes tecnologias sociais, como o cinema, por exemplo, e de discursos, epistemologias e práticas críticas institucionalizadas, bem como das práticas da vida cotidiana.[1]

Tal excerto é oriundo de um ensaio teórico escrito para sistematizar o livro, coletânea de artigos publicados entre 1983 e 1986, que trata desde críticas feministas ao estruturalismo e pós-estruturalismo até a análise de um filme de Fellini.[2] De relevo é o caráter semiótico da abordagem de Lauretis, que, se leva em conta alguns elementos externos, está interessada mesmo em uma interpretação interna de seu material, ou seja, foca-se em decodificar de forma crítica as mensagens de filmes e romances em suas implicações de gênero.

Este ensaio está atento não tanto à dimensão interna dos filmes, mas à passagem entre o que se projeta na tela e seu processo de produção. Ambiciono mostrar como um traço marcante de gênero é constituinte da *persona* cinematográfica de Bogart, símbolo canônico de masculinidade: a tensão violenta entre uma indiferença aparente e uma vulnerabilidade que irrompe repentinamente. Tudo se passa como se a *persona* cinematográfica hollywoodiana dependesse fundamentalmente da eficácia cultural do modelo de gênero que lhe constitui. Se isso é verdadeiro para Bogart e para todos os artistas contemporâneos, a categoria de gênero é ininteligível se apartada das outras dimensões da vida social que povoam uma determinada espessura histórica.

---

[1] Teresa de Lauretis, "A tecnologia do gênero". In: Heloisa Buarque de Hollanda, org., *Tendências e impasses. O feminismo como crítica da cultura*, tr. de Suzana Funck, Rio de Janeiro, Rocco, 1994, p. 208.

[2] Cf. Teresa de Lauretis, *Technologies of Gender. Essays on Theory, Film, and Fiction*, Londres, Macmillan, 1989.

I
O BEIJO DE SPADE

1.

Spade tocou a campainha apenas para avisar que entrava no apartamento, pois possuía a chave. Brigid estava ansiosa: perguntou se a polícia sabia algo sobre ela; Spade colocou o chapéu sob um abajur, atirou o sobretudo em uma cadeira e respondeu que, por enquanto, não. Ela questionou se não arranjaria problemas para si; ele replicou que não se importava em arranjar problemas. Convidou-o a se sentar; sem encará-lo, verificou as unhas e ajeitou o ornamento florido que lhe enfeitava o vestido. Spade desabotoou o paletó e observou-a de pé com um sorriso de quem se diverte. Sentou-se e comentou, fleumático, que ela não era exatamente o tipo de pessoa que fingia ser; Brigid dissimulou, mas ele esclareceu: "O jeito de boa moça. Você sabe: enrubescendo, gaguejando e tudo isso". Ela confessou-lhe que não tivera uma vida boa, que tinha sido má, pior do que ele poderia imaginar. Spade preferiu assim, pois, do contrário, fingindo ser quem não era, não chegariam a lugar algum. "Não serei inocente", garantiu ela, e Spade mostrou-se satisfeito, emendando: "A propósito, vi Joel Cairo esta noite". Brigid reagiu com uma impassividade rígida: perscrutou-o e inquiriu se conhecia o dito Cairo; Spade respondeu que apenas vagamente. Ela levantou-se e, de costas para ele, atiçava o fogo na lareira. Ele observou-a, divertindo-se com a artimanha de sua performance. Sem sair de sua poltrona, ele tomou-lhe o atiçador das mãos; ela buscou outra coisa para se ocupar, o que a levou à cigarreira sobre um aparador no centro da sala. Enquanto acendia um cigarro, os esboços de sorriso de Spade às suas costas transformaram-se em uma risada de escárnio: "Você é boa. Você é muito boa". Sem jamais virar-se para ele, sentou-se no braço da poltrona no outro extremo da lareira e indagou o que Cairo dissera sobre ela; "Nada". De esguelha, perguntou do que falaram, e Spade revelou que Cairo oferecera 5 mil dólares pelo pássaro negro. Brigid se levantou. Spade, com as mãos trançadas, inquiriu se ela continuaria arrumando as coisas e atiçando o fogo; com um sorriso nervoso, falou que não e, enfim, voltou-se para ele, ansiosa por saber o que ele respondera a Cairo: "Que 5 mil é muito dinheiro". Ela confessou-lhe, derrotada, que era mais do que poderia oferecer por sua lealdade. Spade, com um sorriso curto, saltou da poltrona. "É engraçado, vindo de você", disse, ao se aproximar. "O que me deu além de dinheiro? Alguma vez me disse a verdade?" Inclinou-se levemente sobre ela: "Não quis comprar minha lealdade com dinheiro?". E ela, aflita: "Com o que mais poderia comprá-lo?". Agarrou-a pelo rosto e a beijou. Os polegares enterraram-se nas bochechas dela, e os olhos se fincaram. Spade afastou-se e, olhando para a janela, disse-lhe que não ligava para seus segredos; não poderia, contudo, prosseguir a investigação sem um pouco de confiança nela: ela teria de convencê-lo de que não era apenas um jogo. Ela suplicou um pouco mais de confiança; ele perguntou o que ela esperava. "Tenho de falar com Joel Cairo." Spade disse que ela poderia vê-lo aquela noite e arremeteu-se ao telefone: Cairo fora ao teatro e deixara um recado em seu hotel. Brigid apoiou-se no sofá; angustiada, protestou, enquanto ele discava o número: Cairo não poderia saber onde ela estava, pois o temia. Irredutível, Spade, sem soltar o fone, concordou que o encontro fosse em seu apartamento. Brigid, afinal, resignou-se.

2.

Trata-se de uma cena de *O falcão maltês* interpretada por Humphrey Bogart e Mary Astor. Há uma discrepância entre a brutalidade do beijo de Spade e o extenuante processo de filmagem da cena: foram necessárias sete tentativas para satisfazer o diretor John Huston, pois Bogart tinha dificuldade com o beijo. Isso justifica-se por dois motivos: o primeiro, alegado pelo próprio ator, refere-se à falta de prática oriunda dos reiterados capangas de gângster que encarnara até então, aos quais eram interditadas as cenas de beijo; o segundo, indicado por Astor, circunscreve-se ao desconforto do colega com o acúmulo de saliva em um canto da boca, devido à cicatriz no lábio superior.[1] Tal cicatriz provocava um leve sibilo característico na pronúncia de Bogart, e existem várias versões de sua origem, todas apócrifas: infligida pelo pai na infância; causada pelo estilhaço de um projétil durante a Primeira Guerra Mundial; decorrente do confronto com um prisioneiro no período em que serviu à Marinha;[2] produto de uma briga desenrolada em uma bebedeira. De fato, a boca parecia ser um dos elementos mais característicos do ator; a atriz Louise Brooks escreveu sobre ele: "Seu rosto vistoso tinha se transformado em extraordinário por causa da boca, das mais bonitas. Era muito cheia, rosada e perfeitamente desenhada [...]".[3] Entre o insolente beijo de Spade e a obscura cicatriz de Bogart interpõe-se uma descontinuidade: aquela

---

[1] Ann M. Sperber & Eric Lax, *Bogart*, Nova York, William Morrow, 1997, pp. 159-160; em seguida: "Até onde cenas de amor em si mesmas estavam envolvidas, ela [Astor] disse, 'ele não gostava'. Ela concluiu que, apesar de não ser um tipo beijador, 'Bogie não precisava beijar a garota. Ele não precisava tocá-la. Você sabia pela maneira com a qual ele a olhava'" ("*As far as love scenes themselves were concerned, she said, 'he didn't like them.' She concluded that, although he was not a kissing type, 'Bogie didn't have to kiss the girl. He didn't have to touch her. You knew by the way he looked at her'*"). Salvo indicação contrária, todas as traduções são minhas.

[2] Id., ibid., pp. 27, 34-35. Cf. também Gerald Duchovnay, *Humphrey Bogart: A Bio-Bibliography*, Westport, Connecticut, Greenwood Press, 1999, pp. 4-5.

[3] Louise Brooks, *Lulu in Hollywood*, Nova York, Knopf, 1982, p. 59, citado por Otto Friedrich, *A cidade das redes. Hollywood nos anos 1940*, tr. de Ângela Melim, São Paulo, Companhia das Letras, 1988, p. 93.

que separa a imagem de seu processo de produção e, em particular, a imagem artística da trajetória social do artista. É essa descontinuidade que ambiciono superar neste ensaio.

3.

O público cinematográfico de hoje, diante de *O falcão maltês*, assume naturalmente o fato de Spade ser um detetive particular cínico e oportunista que, em meio a uma série de personagens de moral duvidosa, mostra-se afinal ao lado da lei; na verdade, o público espera por isso, pois é Bogart quem encarna Spade: através da continuidade entre a figura do ator e as subsequentes apropriações culturais às quais foi submetida, Spade é um personagem familiar.[4] Contudo, diante dos papéis de Bogart anteriores a esse filme, o mesmo público passaria por uma experiência de estranhamento: "Ele [Bogart] rosnou e balbuciou em toda uma série de papéis superficiais [...]. Ganhava 650 dólares por semana e, lá pelo fim da maior parte dos filmes, era baleado, rosnando".[5] O público de 1941 não poderia esperar algo muito diferente, mesmo tendo havido algumas poucas exceções nessa série.[6] A atuação de Bogart como Spade, em *O falcão maltês* – filme produzido durante a era dos estúdios pela Warner Bros., especialista em filmes de gângster –, representa, a um só tempo, uma ruptura em relação a todos os papéis que interpretara e um resultado da experiência adquirida através destes.

---

[4] Sobre o impacto de Bogart na cultura popular, ver Duchovnay, op. cit., pp. 45-85.

[5] Friedrich, op. cit., p. 93. Em 1939, aproximadamente 80% dos atores e atrizes recebia menos de mil dólares por semana, cerca de 20% ganhava mil dólares ou mais e 6% obtinha 2 mil dólares ou mais (Leo C. Rosten, *Hollywood. The Movie Colony, the Movie Makers*, Nova York, Harcourt, Brace and Company, 1941, p. 344).

[6] Cf. Robert Sklar, *City Boys. Cagney, Bogart, Garfield*, Princeton, Princeton University Press, 1992, pp. 116-117.

4.

Destituído de treinamento profissional, Bogart iniciou sua carreira de ator na Broadway, onde, de 1922 a 1935, atuou em pelo menos dezessete peças e percorreu uma trajetória irregular, com algumas críticas favoráveis.[7] Sem uma educação dramatúrgica, ele teve que aprender na prática: os anos de Broadway foram um período de formação como ator. Esse acúmulo de experiência sucedeu-se por meio de uma longa série sob a rubrica do chamado "tipo juvenil". Se esse processo repetitivo era análogo ao que atravessaria na Warner na década seguinte, o tipo que encarnava era muito distinto daquele que figuraria no gênero de gângster. O historiador Robert Sklar circunscreveu esse fenômeno cultural ao entretenimento popular norte-americano da década de 1920 e evocou a definição de um resenhista contemporâneo: "Apesar de pobre na carteira, ele era rico em charme";[8] em seguida, descreveu-o: o "tipo juvenil" concentrava a aspiração da classe média por mobilidade social, sua preocupação com a dominação masculina e seu desejo em limitar a ilegítima liberdade dos ricos. "Todos esses complexos desejos", explica, "poderiam unir-se no jovem inteligente que arma sua imaginação, saber e vontade para o objetivo de conquistar o coração e a mão de uma jovem rica."[9]

Em 1927, Hollywood começava a operar a transição do cinema mudo ao falado; como inovação tecnológica, a introdução do som colocava dificuldades sérias aos atores e atrizes em particular: o que era fun-

---

[7] Antes de ser ator, Bogart foi *office-boy*, dirigiu um pequeno filme e trabalhou como gerente de produção (Duchovnay, op. cit., pp. 6-7). A discriminação das peças variam: Duchovnay (op. cit., pp. 283-284) conta 24 até agosto de 1935; Sperber & Lax (op. cit., pp. 607-612), 19 até junho de 1935; o Internet Broadway Database (www.IBDb.com), 17 até junho de 1935.

[8] Sklar, *City Boys*, op. cit., p. 18: "'*Though poor of purse he was rich in charm*'".

[9] Id., ibid.: "*All of these complex wishes could be united in the clever young man who harnesses his imagination, wit, and will to the goal of winning the heart and hand of a rich young woman*".

damentalmente pantomima agora deveria articular-se com a fala.[10] No intuito de superar tais dificuldades, Hollywood voltou-se para a Broadway, que, além do mais, oferecia mão de obra muito barata em relação às estrelas do cinema mudo, quadro que tenderia a se acentuar com a Depressão.[11]

Bogart, por sua vez, atingia um limite em sua vida profissional: sob pena de estagnação, deveria expandir suas habilidades e buscar papéis distintos do "tipo juvenil". É assim que, de 1928 a 1934, ele empreendeu uma série de incursões a Hollywood: fez alguns filmes esporádicos que, todavia, não lhe proporcionaram um contrato a médio prazo, o primeiro passo para se alojar na indústria cinematográfica. O insucesso dessas empreitadas explica-se por duas razões inter-relacionadas: primeiro, a obsolescência de alguns personagens que representou, uma vez que incorporou novamente o "tipo juvenil", encarado, em uma época de crise econômica, com crescente impopularidade; segundo, a inépcia de Bogart diante das câmeras, que oscilava desde uma gestualidade repetitiva e desconfortável até erros crassos, como dar as costas à câmera durante uma cena importante.[12]

Entre a Broadway e Hollywood, porém, Bogart pôde esboçar um novo tipo: de um modo geral, enquanto no teatro continuava a interpretar o "tipo juvenil", no cinema ensaiava o vilão coadjuvante. Eles não estavam separados, pois o segundo emergia do primeiro, de forma que, na primeira metade da década de 1930, apesar de um visível envelhecimento, "ele ainda tinha a inexperiente aparência de um jovem", de onde

---

[10] Sobre o empreendimento sonoro, ver David Bordwell, "The Introduction of Sound". In David Bordwell, Janet Staiger & Kristin Thompson, *The Classical Hollywood Cinema. Film Style and Mode of Production to 1960*, Nova York, Columbia University Press, 1985, pp. 298-308; Thomas Schatz, *O gênio do sistema. A era dos estúdios em Hollywood*, tr. de Marcelo Dias Almada, São Paulo, Companhia das Letras, 1991, pp. 72-80.

[11] Sklar, *City Boys*, op. cit., pp. 21-24.

[12] Id., ibid., pp. 24-26.

delineava-se "uma voz áspera, um visual austero, e um ar de violência mal contida, acentuados por um novo gesto de frisar seu lábio superior e descobrir seus dentes".[13]

5.

O estabelecimento de Bogart em Hollywood não ocorreu de forma direta, através de suas incursões à Costa Oeste; foi sua interpretação do foragido ladrão de bancos Duke Mantee, na peça *A floresta petrificada*, que possibilitou seu acesso à indústria cinematográfica.[14] O título vale-se de uma imagem geológica para expressar a condição agonizante dos personagens, apresentados como tipos sociais que se encontram em um ermo restaurante no deserto do Arizona: o escritor errante desiludido; a jovem sonhadora que ambiciona ir à Europa tornar-se artista, filha do proprietário, provinciano que preza a ordem em sua vizinhança; o pai deste, saudosista do tempo aventuresco da expansão para o Oeste; um ex-jogador de futebol que trabalha de frentista no posto anexo ao restaurante e que deseja apenas se casar com a jovem; um casal de meia-idade e de classe alta cujo casamento é destituído de paixão; seu motorista negro. Todos eles são reféns da quadrilha de Mantee, um "assassino impiedoso" e "lacônico", "um dos homens mais violentos jamais interpretado no palco da Broadway".[15] É preciso entender o interesse de Hollywood – e da Warner Bros., em particular – por essa peça teatral.

---

[13] Id., ibid., p. 59: "[...] *he still had the callow look of a juvenile*"; "[...] *a grating voice, a stern look, and an air of barely suppressed violence, accentuated by a new gesture of curling his upper lip and baring his teeth*".

[14] *The Petrified Forest*, peça em dois atos de Robert Emmet Sherwood; produzida por Gilbert Miller e Leslie Howard, em associação com Arthur Hopkins; encenada por Arthur Hopkins. Estreia em 7 de janeiro de 1935 no Broadhurst Theatre, em Nova York. 181 performances (Sperber & Lax, op. cit., p. 612).

[15] Sklar, *City Boys*, op. cit., pp. 57-58: "[...] *monosyllabic, ruthless killer*"; "[...] *one of the most violent men ever portrayed on the Broadway stage*".

6.

A segunda metade da década de 1910 e o final dos anos 1950 são as balizas temporais que delimitam o sistema de estúdios, uma maneira específica de fazer filmes que, a despeito de suas variações ao longo desse intervalo, é identificável a partir da estabilidade de suas linhas gerais. Ele consistia na estrutura social, econômica e cultural que, a partir de um processo industrial, que controlava e executava todas as etapas da produção de um filme, desde a elaboração do roteiro até sua exibição nas salas de cinema, formava um sistema integrado entre os escritórios de Wall Street e os estúdios de Los Angeles cujo objetivo final era gerar lucros.[16] Tratava-se de um oligopólio, cada estúdio "constituindo uma variação distinta do estilo clássico de Hollywood",[17] com especificidades de produção e, consequentemente, produtos peculiares: a MGM, por exemplo, não estava preparada nem tinha os profissionais certos, a começar pelos intérpretes, para produzir um filme de gângster do tipo da Warner, que, por sua vez, não poderia fazer um filme de terror como os da Universal, e assim por diante. Os estúdios devem portanto ser pensados em sua história inter-relacionada.[18]

O ponto de acesso para uma análise do sistema de estúdios reside nos arquitetos do estilo de cada estúdio, os pouquíssimos produtores executivos – os quais "eram sempre homens"[19] – que, por meio da mediação entre o polo dominado de produção cultural (Hollywood) e o polo econômico dominante (Wall Street), uniam, em uma estrutura hierárquica vertical, o que estava separado horizontalmente por uma distância continental; em suma, eles "traduziam o orçamento anual, apresentado pelo escritório de Nova York, em uma programação específica de filmes";[20] nesse processo,

---

[16] Schatz, *O gênio do sistema*, op. cit., pp. 17-26.
[17] Id., ibid., p. 23.
[18] Id., ibid., pp. 23-26.
[19] Id., ibid., p. 21.
[20] Id., ibid.

concentravam, de uma perspectiva ampla, toda a operação do estúdio.[21] Assim é que se compreende a frase do escritor F. Scott Fitzgerald: "Nem meia dúzia de homens foi jamais capaz de reter a equação completa do cinema na cabeça".[22] A posição do executivo, contudo, só é inteligível em relação às outras do estúdio – isto é, as posições dos diretores, roteiristas, atores e atrizes, técnicos de som e de iluminação, e assim por diante –, pois esse cinema é uma arte coletiva por excelência. Diante dos múltiplos interesses em questão, "a realização cinematográfica de estúdio era menos um processo de colaboração do que uma arena de negociações e de luta".[23] Um filme da era de estúdios é, portanto, oriundo desse campo de forças sociais.

7.

A Warner Bros. foi o estúdio que se interessou por *A floresta petrificada*. Duas características distinguiam-no dos outros estúdios. Primeiro, era a única companhia cinematográfica hollywoodiana de propriedade familiar, dirigida por quatro irmãos, judeus oriundos do Leste Europeu: o primogênito Harry administrava o escritório em Nova York, o caçula Jack, o estúdio em Hollywood, e os outros dois dividiam-se em funções diversas.[24] Segundo, apresentava "o estilo mais diferenciado de Hollywood",[25] estabelecido na passagem para a década de 1930, em grande medida responsabilidade do produtor executivo Darryl Zanuck, que ascendeu na hierarquia da companhia a partir da posição de roteirista; tal estilo consistia na combinação de uma dupla economia (técnica e narrativa) em consonância com a

---

[21] Id., ibid., pp. 21-22.
[22] F. Scott Fitzgerald, *The Last Tycoon*, Londres, Penguin, 2001, p. 6: "*Not half a dozen men have ever been able to keep the whole equation of pictures in their heads*".
[23] Schatz, *O gênio do sistema*, op. cit., p. 26.
[24] Id., ibid., p. 75.
[25] Id., ibid., p. 147.

rigorosa política financeira de Harry Warner, que privilegiava a relação custo-benefício. "Renunciando ao brilho e ao glamour da MGM e da Paramount, a Warner optou por uma visão de mundo mais sombria e inóspita",[26] que a levou a se especializar em filmes de ação masculinos, em particular os filmes de gângster.[27]

Um breve esboço do gênero de gângster é por ora pertinente, uma vez que ele foi decisivo na carreira de Bogart. O estabelecimento do gênero esteve diretamente vinculado ao empreendimento sonoro pioneiro da Warner – "Os novos efeitos de áudio (tiros, gritos, pneus cantando etc.) encorajaram os cineastas a se focarem na ação e violência urbana, e também a desenvolverem uma narrativa e um estilo de edição ágeis"[28] – e à Depressão, cujas manchetes jornalísticas forneciam questões sociais e culturais como tema.[29] O protótipo do gênero repousa em dois filmes da Warner produzidos no começo dos anos 1930 que alçaram seus protagonistas ao estrelato: *Alma no lodo*, no qual Edward G. Robinson e seu parceiro, assaltantes de postos de gasolina na zona rural de Chicago, decidem se estabelecer na cidade em busca de riqueza e poder, assassinando no caminho todos os bandidos concorrentes; e *Inimigo público*, cinebiografia do comportamento violento e antissocial do personagem interpretado por James Cagney.[30] Em linhas gerais, o gângster consistia em um renegado urbano de feição heroico-anárquica que era criado pela cidade e por ela destruído; nele coabitavam impulsos contraditórios que oscilavam entre interesses individuais incontroláveis e constrições sociais inflexíveis: ele morria

---

[26] Id., ibid.

[27] Id., ibid., pp. 146-157.

[28] Thomas Schatz, *Hollywood Genres. Formulas, Filmmaking, and the Studio System*, Nova York, McGraw-Hill, 1981, p. 85: "*The new audio effects (gunshots, screams, screeching tires, etc.) encouraged filmmakers to focus upon action and urban violence, and also to develop a fast-paced narrative and editing style*".

[29] Id., ibid., p. 85.

[30] Id., ibid., pp. 86-90.

no final do filme e sublinhava de modo ambíguo seu individualismo, porque seu comportamento era autodestrutivo, incapaz de equilibrar indefinidamente essa tensão e, ao mesmo tempo, impersuadível ao deixar de tentar fazê-lo.[31] Conforme corria a primeira metade da década de 1930, Robinson e Cagney, junto com Paul Muni e George Raft, estabeleciam, na Warner, figuras artísticas similares que compunham a chamada "Fileira dos Assassinos" (*Murderer's Row*).[32]

Em 1935, quando *A floresta petrificada* foi produzido na Warner, dois eventos intervinham na indústria cinematográfica de um modo geral e, em particular, na figura do gângster: a censura e o New Deal. Nos Estados Unidos, não havia censura cinematográfica em âmbito nacional; proliferavam as mais diversas comissões de censura municipais e estaduais. Hollywood era vulnerável aos preceitos morais de tais comissões, uma vez que, em 1915, havia lhe sido negada autonomia de expressão, impedindo-lhe que apelasse à Primeira Emenda, pois foi definida como "uma empresa comercial pura e simples".[33] A autocensura foi a saída política de Hollywood para defender-se das intervenções externas: fundou-se uma associação profissional (Motion Picture Producers and Distributors of America, MPPDA) e estabeleceu-se uma secretaria, que encomendou um código de autocensura a um editor católico e um padre jesuíta; redigido em 1930, ele entrou em vigor apenas em 1934 – em grande medida devido aos complexos ajustes da transição sonora e à crise econômica –, sob administração da Production Code Administration (PCA), encarregada de avaliar principalmente o roteiro e o filme concluído e conceder, se fosse o caso, o selo de aprovação, sem

---

[31] Id., ibid., pp. 82-85.

[32] Duchovnay, op. cit., pp. 13-14.

[33] Jean-Luc Douin, *Dictionnaire de la censure au cinéma*, Paris, Presses Universitaires de France, 1998, p. 155: "O cinema foi definido pelos juízes como 'uma empresa comercial pura e simples, estabelecida e praticada com fins únicos de lucro, que não saberia ser considerada como um órgão de opinião pública" ("*Le cinéma était défini par les juges comme 'une entreprise commerciale pure et simple, établie et pratiquée aux seules fins du profit, qui ne saurait être considérée comme un organe d'opinion publique'*").

o qual um filme não poderia ser exibido.³⁴ Entre as doze interdições do código, encontram-se:

> [...] *os crimes contra a lei* (nos quais a representação não deve inspirar nem a simpatia, nem o desejo de imitação, o tráfico de drogas sendo um assunto tabu e o consumo de álcool não podendo ser mostrado, a menos que a intriga o exija); *a sexualidade* (lembrança do caráter sagrado da instituição do casamento e da prudência exigida para não apresentar as "formas baixas de relações sexuais" como um comportamento corrente e tolerado, e passagem em revista de vários temas: o adultério – não deve ser apresentado sob uma forma atraente –, as cenas de paixão – não devem fazer apelo aos baixos instintos –, o estupro – só pode ser sugerido –, as perversões – interditas –, o tráfico de mulheres brancas – interdito –, a miscigenação – interdita –, partos – interditos –, os órgãos sexuais das crianças – proscritos); [...] *o sentimento nacional* (consideração e respeito) [...].³⁵

De meados da década de 1930 até os anos 1960, quando o código de censura foi substituído por um sistema de classificação etária, ainda em vigor,³⁶ os preceitos de cunho moral lançaram, a um só tempo, a PCA sob a obrigação de executá-los, os produtores defronte da necessidade de burlá-los e o público diante do desafio de interpretar o filme entre

---

³⁴ Id., ibid., pp. 155-157 e ss; cf. também pp. 163-168 para os verbetes específicos sobre o código de censura e a MPPDA.

³⁵ Id., ibid., p. 164, grifos do autor: "[...] les crimes contre la loi *(dont la représentation ne doit inspirer ni la sympathie ni le désir d'imitation, le trafic de drogue étant un sujet tabou et la consommation d'alcool ne pouvant être montrée que si l'intrigue l'exige);* la sexualité *(rappel du caractère sacré de l'institution du mariage et de la prudence exigée pour ne pas présenter les "formes basses de rapports sexuels" comme un comportement courant et toléré, et passage en revue de plusieurs thèmes: l'adultère – ne doit pas être présenté sous une forme attrayante –, les scènes de passion – ne doivent pas faire appel aux bas instincts –, le viol – ne peut être que suggéré –, les perversions – interdites –, la traite des Blanches – interdite –, la miscégénation – interdite –, accouchements – interdits –, les organes sexuels des enfants – proscrits);* [...] le sentiment national *(considération et respect)* [...]". As outras interdições referiam-se a: vulgaridade, obscenidade, palavrões, costumes, danças, religiões, cenários, títulos e assuntos asquerosos (id., ibid.).

³⁶ Id., ibid., pp. 157-159.

convenções ortodoxas e controversas.[37] Ao mesmo tempo, o governo de Roosevelt empreendia uma campanha contra a ilegalidade e pressionava a mídia popular a encerrar a glamorização do gângster; o FBI, por sua vez, ao se promover como uma força nacional contra o crime, oferecia modelos heroicos circunscritos à lei.[38] Dessa forma, o gângster foi destituído de seu carisma, foi-lhe arrebatado o estatuto anti-heroico franqueado pela tensão violenta entre individualismo e constrições sociais.

A segunda metade da década de 1930 testemunhou uma curiosa reformulação, na qual a tensão passou a ser externa ao protagonista: não mais uma tendência criminal quase inata assumida como destino anárquico, mas uma escolha entre o mundo do crime e a lei. Isso permitiu duas variações: manter a postura bruta e cínica do gângster, mas deslocada para o durão defensor da lei; e contrapor o gângster a uma figura a favor da ordem social, de apelo simbólico equivalente e da mesma origem social. Este já não era mais o gângster do início da década e do gênero, uma vez desprovido da força simbólica advinda de sua ambiguidade: "Quando o gângster não era mais o herói do filme de crime urbano, tornou-se, muito simplesmente, um criminoso endurecido".[39] Impôs-se, assim, um distanciamento entre ele e o público: este não simpatizava, não se identificava mais com aquele, personagem complexo metamorfoseado

---

[37] A título de exemplo, duas controvérsias pertinentes à função da PCA foram: primeiro, *Rebecca, a mulher inesquecível*, dirigido por Alfred Hitchcock e produzido por David Selznick, que adquirira os direitos do *best-seller* homônimo, no qual o herói homicida escapa sem punição; segundo, a exploração visual dos seios de Jane Russell em *O proscrito*, produzido por Howard Hughes. A força da PCA mostrou-se relativa: no filme de Selznick-Hitchcock, de 1940, a morte é acidental; o de Hughes, apesar de não receber o selo, percorreu, entre 1943 e 1947, uma série de exibições escandalosas permeada de banimentos (cf. Thomas Schatz, *Boom and Bust. American Cinema in the 1940s*, Berkeley, University of California Press, 1997, pp. 35-37; e também www.IMDb.com, "*The Outlaw* (1943)").

[38] Sklar, *City Boys*, op. cit., p. 62.

[39] Schatz, *Hollywood Genres*, op. cit., p. 99: "*When the gangster was no longer the hero of the urban crime film he became, quite simply, a hardened criminal*".

em um tipo plano.⁴⁰ Sob essa imagem, na forma de Duke Mantee, Bogart estabeleceu-se em Hollywood: "Alguém poderia temer Mantee, ser aterrorizado por ele, até mesmo sentir pena dele – mas a compacta, reprimida, aberrante interpretação de Bogart tornou improvável alguém jamais desejar *ser* ele".⁴¹

O interesse da Warner por *A floresta petrificada* – que, em sua versão dramatúrgica, já supunha todas essas constrições – explica-se pela convergência, entre, de um lado, a forma e o conteúdo da peça, de outro, o estilo de produção do estúdio. Pode-se resumir isso tudo através da perspectiva do gênero narrativo, pois esta

> [...] (1) assume que a produção de filmes é uma arte *comercial*, e, portanto, que seus criadores fiam-se em fórmulas testadas para economizar e sistematizar a produção; (2) reconhece o contato próximo do cinema com sua *audiência*, cuja resposta a filmes individuais tem afetado o gradual desenvolvimento de fórmulas de enredo e práticas de produção padronizadas; (3) trata o cinema, em primeiro lugar, como um meio *narrativo* (contar uma história), cujas histórias familiares envolvem conflitos dramáticos, que são eles mesmos inspirados em *conflitos culturais* correntes; e (4) estabelece um contexto no qual a *carreira artística* cinemática é avaliada em termos da capacidade de nossos cineastas em reinventar convenções formais e narrativas estabelecidas.⁴²

---

⁴⁰ Id., ibid., pp. 98-102.

⁴¹ Sklar, *City Boys*, op. cit., p. 63, grifo do autor: "*One could stand in awe of Mantee, be frightened by him, even feel sorry for him—but Bogart's compact, repressed, aberrant interpretation made it unlikely one would ever wish to* be *him*".

⁴² Schatz, *Hollywood Genres*, op. cit., pp. vii-viii, grifos do autor: "[...] *(1) it assumes that filmmaking is a* commercial *art, and hence that its creators rely on proven formulas to economize and systematize production; (2) it recognizes the cinema's close contact with its* audience, *whose response to individual films has affected the gradual development of story formulas and standard production practices; (3) it treats the cinema as primarily a* narrative (storytelling) *medium, one whose familiar stories involve dramatic conflicts, which are themselves based upon ongoing* cultural *conflicts; and (4) it establishes a context in which cinematic* artistry *is evaluated in terms of our filmmakers' capacity to re-invent established formal and narrative conventions*".

8.

A perspectiva do gênero narrativo presume uma escala industrial de produção cinematográfica. Por que não empreender uma interpretação na chave da indústria cultural, assim como a entende a Teoria Crítica? Já em sua formulação inicial, com os trabalhos de Theodor Adorno e Max Horkheimer, ela consistia na "crítica racional da razão burguesa" e na busca pela liberdade, o que pressupunha não apenas sua ausência, mas também o caráter falso do mundo e o desafio de se viver nele.[43] Ao tratar da indústria cultural – engodo que tal expressão revela ao não mediar seus dois termos[44] –, Adorno tinha em vista muitas vezes o cinema hollywoodiano e, pelo menos em dois trabalhos importantes, também o período aqui estudado e o processo histórico que o ensejou: primeiro, o livro escrito em parceria com Horkheimer durante a Segunda Guerra e publicado em 1947, em Amsterdã;[45] segundo, a coletânea de aforismos, elaborada entre 1944 e 1947, ao longo do processo de redação do primeiro, e publicada em 1951, em Frankfurt.[46] É no segundo que constam as palavras: "Talvez um filme que obedeça estritamente ao código Hays de censura de Hollywood possa chegar a ser uma grande obra de arte, porém

---

[43] Gabriel Cohn, "Adorno e a teoria crítica da sociedade", *Theodor W. Adorno. Sociologia*, ed. de Gabriel Cohn, São Paulo, Ática, 1994, p. 7.

[44] Como explica Cohn, "Adorno e a teoria crítica da sociedade", op. cit., p. 19: "A indústria cultural é cultura ou indústria? Nem cultura: porque subordinada à lógica da circulação de mercadorias e não à sua própria – nem indústria: porque tem mais a ver com a circulação do que com a produção. Isolar um ou outro polo é consagrar a ideologia. Tratá-los conjuntamente é mostrar no que constituem ideologia – na incapacidade de desenvolver-se, de realizar plenamente seja sua condição de cultura, seja sua condição de indústria. É por isso que, na indústria cultural, a cultura subordina-se à indústria, não na sua expressão mais moderna, mas no seu significado mais arcaico: à indústria como ardil, como engodo".

[45] Theodor W. Adorno & Max Horkheimer, *Dialética do esclarecimento*, tr. de Guido Antonio de Almeida, Rio de Janeiro, Jorge Zahar Editor, 1985, pp. 99-138, 182-183, 194-195.

[46] Theodor W. Adorno, *Minima moralia. Reflexões a partir da vida lesada*, tr. de Gabriel Cohn, Rio de Janeiro, Beco do Azougue, 2008.

não em um mundo em que existe um código Hays".[47] Para Adorno, um movimento unilateral de cima para baixo, de produtores a consumidores, ou ao menos desequilibrado em favor daqueles, determinaria a mecânica da indústria cultural.[48] Essa postura apocalíptica, para usar a fórmula de Umberto Eco,[49] é compreensível na medida em que se considera seu autor como uma figura histórica: um judeu-alemão cujo parâmetro artístico era a música clássica obrigado a trocar seu país natal pelo mundo massificado norte-americano devido às perseguições raciais.

A chamada Escola de Frankfurt ocupa lugar de relevo nos estudos que compreendem o cinema e é incontornável àqueles que enfrentam tal objeto. No entanto sua abordagem não possui afinidade com um olhar cujo objetivo é descrever a relação entre a experiência social e a cultura visual a partir da própria perspectiva do produto cultural. Nos arredores da Escola de Frankfurt, mais precisamente nos ensaios de Walter Benjamin sobre a reprodutibilidade técnica da obra de arte, encontra-se uma contribuição afim ao olhar deste ensaio.[50] Voltarei a ela; por ora,

---

[47] Adorno, *Minima moralia*, op. cit., p. 187. O código Hays é uma referência a William Hays, presidente da MPPDA que encomendou os preceitos de autocensura (Schatz, *O gênio do sistema*, op. cit., p. 177).

[48] "A indústria cultural é a integração deliberada, a partir do alto, de seus consumidores" (T. W. Adorno, "A indústria cultural", *T. W. Adorno. Sociologia*, tr. de Flávio R. Kothe, op. cit., p. 92). Ver também, do mesmo autor, "Culture Industry Reconsidered", *New German Critique*, nº 6, 1975, pp. 12-19.

[49] Umberto Eco, *Apocalípticos e integrados*, tr. de Pérola de Carvalho, São Paulo, Perspectiva, 1990.

[50] Mentor de Adorno, Siegfried Kracauer tratou da cultura de massa na Alemanha do entre-guerras (*O ornamento da massa*, tr. de Carlos Eduardo Jordão Machado e Marlene Holzhausen, São Paulo, Cosac Naify, 2009; cf. a resenha que escrevi sobre esse livro: *Tempo social*, vol. 21, nº 2, 2009, pp. 309-312) e elaborou uma teoria cinematográfica em seu exílio nos Estados Unidos (*Theory of Film. The Redemption of Physical Reality*, Princeton, Princeton University Press, 1997). O sociólogo alemão Dieter Prokop, por sua vez, enveredou-se por uma investigação sobre o cinema, inclusive o hollywoodiano, nos termos de uma análise da comunicação "cujo interesse científico se concentra nos aspectos político-econômicos da consciência, em especial nos componentes a ela relevantes da produção monopolística da indústria cultural"

é interessante ressaltar que, não obstante as afinidades entre Benjamin e Adorno, "ambos diferem no mínimo em que Benjamin é todo olho, visão perscrutadora em busca da iluminação súbita a revelar a natureza do objeto e Adorno é todo ouvido, sensível àquilo que a menor célula temática anuncia como desenvolvimento possível".[51]

9.

Um episódio envolvendo dois atores contribuiu para que a Warner mantivesse Bogart na adaptação cinematográfica de *A floresta petrificada*. Edward G. Robinson fora lançado à fama como o protótipo do gângster em *Alma no lodo*; tal sucesso o tornou um dos atores mais bem pagos da Warner e concedeu-lhe uma autonomia relativa, na forma de um contrato sem exclusividade, que lhe permitia fazer filmes em outros estúdios com direito de aprovação prévia de roteiros. Meses passaram-se sem que Robinson e a Warner chegassem a um meio-termo para definir o próximo filme do ator – até ele ler o roteiro de *A floresta petrificada* e deparar-se com Mantee.[52] Robinson era irredutível em seu direito, também garantido por contrato, de crédito, na abertura de seus filmes, acima de qualquer outro ator, mas a Warner já havia acertado o primeiro lugar com Leslie Howard; Robinson aceitaria no máximo dividi-lo com Howard.[53] Figura proeminente da Broadway e ator em Hollywood, Howard interpretara o escritor errante desiludido na peça, da qual detinha os direitos, junto ao produtor, ao diretor e ao dramaturgo. Ele garantira a Bogart o papel no cinema e, acima de tudo, acreditava que o sucesso da peça residia, em grande medida, no contraste entre sua interpretação e a de Bogart; Howard exigia, assim,

---

(Ciro Marcondes Filho, "A análise do produto cultural", *Dieter Prokop. Sociologia*, ed. de Ciro Marcondes Filho, São Paulo, Ática, 1986, p. 7).

[51] Cohn, "Adorno e a teoria crítica da sociedade", op. cit., p. 18.
[52] Sperber & Lax, op. cit., p. 52.
[53] Sklar, *City Boys*, op. cit., p. 61.

sua presença para encarnar Mantee novamente.⁵⁴ "Ele [Bogart] estava de volta aos filmes, e [a maneira] como os outros administravam suas carreiras tinha maior impacto em sua fortuna do que como ele administrava a sua própria",⁵⁵ afirmou Robert Sklar.

O artista no sistema de estúdio era um ser em luta com a estrutura de produção: todo seu esforço estava voltado para conquistar e manter uma autonomia relativa. Esta só era alcançada se seu trabalho fosse capaz de gerar lucro através da recepção do público, o que era mais provável através de uma fórmula narrativa testada, pois cumpria a expectativa da audiência através de um produto que o estúdio estava imediatamente preparado para produzir. Já para manter a autonomia, o artista deveria ser flexível o suficiente para adaptar as convenções cinematográficas aos respectivos temas que acompanhavam as questões culturais do momento. O artista encontrava sua autonomia relativa na perspectiva do gênero narrativo citada acima: por esse motivo é que ele tendia a se especializar em um determinado gênero e, assim, em personagens similares. Não obstante, se de um lado a continuidade da imagem artística, ao longo de pequenas variações eficazes, garantia um valor de mercado estável, de outro ameaçava desvalorizá-lo pelo risco de tornar-se desgastada. Do artista no sistema de estúdio exigia-se, então, a habilidade propriamente política de, a um só tempo, esquivar-se das constrições estruturais – sem jamais êxito completo, justamente porque eram estruturais – e utilizá-las a seu favor: nessa faixa estreitíssima é que ele encontrava sua autonomia.

O processo de conquistar e manter a autonomia envolvia, muitas vezes, lutas e negociações diretas com os estúdios. A atriz Bette Davis, por exemplo, confrontou Jack Warner durante os dezoito anos em que trabalhou no estúdio, de 1931 a 1948;⁵⁶ a fase crítica de conquista da

---

⁵⁴ Sperber & Lax, op. cit., pp. 50-53.
⁵⁵ Sklar, *City Boys*, op. cit., p. 61: "*He was back in pictures, and how others were managing their careers had greater impact on his fortunes than how he was managing his own*".
⁵⁶ Schatz, *O gênio do sistema*, op. cit., p. 226.

sua autonomia consistiu em superar a "condição de co-estrela em filmes masculinos de crime, protagonizando eventualmente algum melodrama urbano, nos quais, com frequência, aparecia como versão feminina dos durões da Warner",[57] estúdio que tinha interesse marginal em filmes ditos femininos. Em 1935, com o lançamento de *A barreira*, ela delineou "a imagem de uma mulher intensa, impiedosa e sexualmente agressiva que contava com a própria vontade e perspicácia para conseguir o que queria";[58] a Warner, porém, não explorou essa imagem, e a escalou para filmes de segunda linha, entre os quais *Satã encontrou uma dama*, a segunda adaptação do romance policial *O falcão maltês*, de Dashiell Hammett, "o sexto [filme] em que trabalhava naquele ano e o 23º em quatro anos para a Warner".[59] Em fevereiro de 1936 – o mesmo mês em que ganhou um Oscar de melhor atriz por *Perigosa* –, ela impôs uma exigência: não faria outro filme sem novo contrato e garantia de melhores papéis; incapaz de obter a atenção do estúdio, optou por um "afastamento" não remunerado de seis semanas em Nova York, enquanto seus agentes enviavam à Warner uma lista de exigências. Davis recusou-se a retornar ao trabalho e foi suspensa pelo estúdio; este apresentou, afinal, uma contraproposta, recusada pela atriz, que partiu, em agosto de 1936, para trabalhar na Inglaterra. Em represália, a Warner moveu uma ação judicial por quebra de contrato; Davis foi obrigada a retornar para cumpri-lo. Através dessa disputa, a atriz, apesar de derrotada, conseguiu estabelecer uma posição política no estúdio, que, além de estar ciente do talento de Davis, operava uma guinada em direção a filmes de prestígio – mais rentáveis, porém cujo sucesso dependia de estrelas. Assim, foi escalada para protagonizar *Jezebel* – versão da Warner de *...E o vento levou*, cuja protagonista Davis fora cogitada a interpretar –, que foi um sucesso de público e crítica e rendeu à atriz outro Oscar.[60]

---

[57] Id., ibid., p. 150.
[58] Id., ibid., p. 226.
[59] Id., ibid.
[60] Id., ibid., pp. 226-234.

Bette Davis livrava-se da pecha de "James Cagney de saias" e dos *thrillers* urbanos, passando a estrelar nos anos seguintes alguns dos maiores melodramas da história de Hollywood [...]. Todos esses papéis – de mulheres castradoras e briguentas ou de inocentes encantadoras – eram uma variação de Julie Marston [a protagonista de *Jezebel*]. [...] Todo o processo de luta e negociação foi bastante dramático para a atriz, uma vez que a transformação de sua *persona* cinematográfica contrariava o tradicional *etos* masculino do estúdio – *etos* que predominava tanto no conteúdo dos filmes quanto entre os executivos da Warner. Aliás, outras grandes estrelas da companhia passaram pelo mesmo processo, no final dos anos 30, e com idêntico resultado. Os Warner começavam a se dar conta de que realizar filmes de prestígio significava conferir maior poder aos grandes artistas da casa, bem como permitir maior gama de variações nas fórmulas básicas do gênero estrela utilizadas pelo estúdio.[61]

James Cagney, por sua vez, alcançara o sucesso em 1931 com *Inimigo público*, e revoltara-se contra a Warner no ano seguinte por um aumento de salário, a primeira de uma série de disputas. Entre elas, estava a querela sobre a autoria de sua imagem artística – reivindicada pelo produtor Darryl Zanuck –, que, em grande medida, levou Cagney a tentar se afastar da figura do delinquente urbano que o estabelecera em Hollywood.[62]

10.

A partir da perspectiva performática, Robert Sklar aproximou os personagens interpretados por Cagney e Bogart em Hollywood, sem deixar de notar quão distante são as origens sociais dos dois atores. Ambos nasceram em 1899, em Nova York: o primeiro, no Lower East Side, filho de um proprietário de bar, católico e irlandês; o segundo, no Upper East Side, filho de um médico e de uma sufragista então famosa por

---

[61] Id., ibid., pp. 234-235.
[62] Sklar, *City Boys*, op. cit., pp. 35-44.

ilustrar livros infantis populares, anglo-saxões protestantes.[63] Cagney e Bogart começaram suas carreiras na Broadway: o primeiro interpretava uma variante do delinquente que o levaria a Hollywood;[64] o segundo, o romântico juvenil, que repetiria à exaustão, o que lhe interditaria o acesso à indústria cinematográfica. Se Cagney foi obrigado a se afastar da figura do gângster para proporcionar autonomia à sua carreira cinematográfica já estabelecida, Bogart, no mesmo período, conseguiu se estabelecer em Hollywood encarnando uma variante da mesma figura contraventora na Broadway. Há uma evidente convergência entre, de um lado, os personagens – o delinquente e o "tipo juvenil"– que marcaram o início das duas carreiras e, de outro, as respectivas origens sociais; longe de apontar para qualquer espécie de determinismo, tal convergência parece ter sido traçada não apenas pelo que as experiências sociais de ambos, em circuitos distintos da metrópole, os diferenciavam, mas sobretudo pelo que compartilhavam, isto é, a ausência de educação dramatúrgica formal, fatores que os dispuseram a aprender o ofício a partir daquilo que conheciam melhor. Ao longo do tempo, todavia, essa convergência foi transformada pelas duas vivências profissionais, que, apesar de comporem histórias individuais distintas, foram expostas às relações de força da estrutura de produção hollywoodiana e, em particular, da Warner. A despeito das origens sociais, a lógica do processo era a mesma, mas as trajetórias dos dois não estavam sincronizadas: em 1936, enquanto Cagney, estabelecido há meia década, lutava por autonomia, Bogart, *outsider*, devia ainda mostrar seu valor ao estúdio.

De fato, tratava-se de um período conturbado da vida de Bogart. Logo completaria 36 anos, e seria a primeira vez na vida que teria estabilidade financeira por conta própria. Decepcionara os pais, que o educaram com o intuito de que frequentasse uma universidade de prestígio, como Yale, onde nunca chegou, pois fora expulso por reprovação da escola prepa-

---

[63] Id., ibid., pp. 4-6.
[64] Id., ibid., pp. 12-17.

ratória; subsequentemente, alistara-se na Marinha em fins da Primeira Guerra.[65] O investimento escolar – visto como um meio de produzir e manter o *status* social – não pode ser menosprezado na vida do ator: os Bogart não apenas eram de classe média alta como reivindicavam marcas aristocráticas, inscritas na profissão de médico do pai e de ilustradora educada em Paris da mãe.[66] Isso era particularmente visível no nome de seu filho, Humphrey DeForest Bogart: Humphrey era a transformação em nome do sobrenome da mãe, Maud, de origem inglesa, ligado por uma conexão lateral aos Churchill; DeForest provinha do pai, Belmont DeForest Bogart, cujo pai, fazendeiro descendente de holandeses emigrados no Seiscentos, ascendeu de pequeno hoteleiro a manufatureiro de anúncios publicitários na Nova York da segunda metade do século XIX, e proveu o filho com os nomes de duas famílias nova-iorquinas proeminentes.[67] Assim, o fracasso escolar minava a aspiração aristocrática dos pais nutrida por meio da continuidade genealógica: excluída a passagem por uma universidade de elite, o estabelecimento de uma posição com *status* social elevado era remoto.

Quando *A floresta petrificada* estreou na Broadway, em janeiro de 1935, a posição de Bogart era particularmente delicada: seu segundo casamento, com a atriz de teatro Mary Philips, deteriorava-se, pois as infrutíferas incursões de Bogart em Hollywood mantinha-os separados, uma vez que ela ocupava uma sólida posição na Broadway; a Depressão esvaziava os teatros, onde ambos estavam ancorados financeiramente; meses antes, em setembro

---

[65] Id., ibid., pp. 92-93.
[66] Sperber & Lax, op. cit., pp. 11-13.
[67] Id., ibid., pp. 8-10, 13-14, e na p. 9: "[...] o grandioso nome de Belmont DeForest, unindo os nomes de duas proeminentes famílias da alta sociedade nova-iorquina sem relação uma com a outra ou com os Bogart, mas uma clara declaração das aspirações paternas. Apenas nomear a criança Vanderbilt Rockefeller teria sido mais pretensioso" ("[...] *the grandiose name of Belmont DeForest, joining the names of two leading New York high-society families of no relation to each other or the Bogarts, but a clear statement of the parents' aspirations. Only naming the child Vanderbilt Rockefeller would have been more pretentious*").

de 1934, o pai de Bogart falecera, deixando uma dívida a ser paga; logo depois da estreia da peça, um amigo morreu queimado em um acidente;[68] enfim, um ano e pouco depois de assinar o contrato com a Warner, uma de suas duas irmãs faleceu, enquanto a outra, diagnosticada maníaca-depressiva em decorrência de um parto dificílimo pelo qual passara, foi abandonada pelo marido falido, forçando Bogart a assumir seus cuidados e despesas.[69]

Em 10 de dezembro de 1935, assinou, afinal, o contrato de exclusividade com a Warner, que passava a reter todos os direitos sobre seu trabalho, não apenas no estúdio, mas em qualquer lugar e mídia em que aparecesse. Com efeito, "Bogart abriu mão de tudo, exceto sua sombra":[70] trocou todas as formas de sua imagem por mais uma aposta no sucesso hollywoodiano e, sobretudo, pela estabilidade financeira – que lhe garantia 26 semanas de trabalho a 550 dólares cada, intervalo em cujo final o estúdio reservava-se o direito de decidir pela renovação do contrato por outro período equivalente, aumentando em 50 dólares o pagamento.[71] Com uma margem de manobra estreita, devido às constrições sociais e econômicas citadas, Bogart aceitou todas as intempéries que o trabalho no estúdio o lançavam: representou, muitas vezes sem intervalo, em um filme após o outro, e chegou a atuar em mais de um filme em um único dia; trabalhou, via empréstimos lucrativos para a Warner, em filmes de produtores independentes e de outros estúdios; mostrou várias vezes, com algumas poucas exceções, um certo deslocamento nas interpretações dos papéis que poderiam salvá-lo da série de bandidos que lhe era imposta; especializou-se e aprimorou um tipo de vilão coadjuvante, o capanga de gângster.[72]

---

[68] Id., ibid., pp. 42-47.
[69] Id., ibid., p. 42, pp. 85-86.
[70] Id., ibid., p. 61: *"Bogart signed away rights to everything but his shadow* [...]".
[71] Id., ibid.
[72] Sklar, *City Boys*, pp. 63, 66, 67-69, 69-71, 88; na p. 87: "Quando os roteiristas queriam identificar um impiedoso 'supergângster', eles simplesmente indicavam em suas descrições de personagens: 'tipo Humphrey Bogart'" (*"When scriptwriters wan-*

"Assim, Humphrey Bogart, que fracassou no caminho que lhe era destinado em Yale, tornou-se um gângster."[73]

11.

Na cena descrita de *O falcão maltês* que abre este capítulo, vislumbra-se uma duplicidade na figura de Spade. Pode-se dividir a descrição em duas partes, demarcadas por "Spade, com um sorriso curto, saltou da poltrona". Até então, por meio de uma postura fleumática, ele pareceu ter o domínio completo da situação: entrou no apartamento de Brigid munido da própria chave; mostrou-se à vontade ao retirar o chapéu e o sobretudo; respondeu à questão dela sobre a polícia de forma direta; rechaçou a preocupação consigo mesmo; mostrou a ineficácia das dissimulações de Brigid; provocou sua aflição ao falar de Cairo e sua proposta em relação ao pássaro negro; divertiu-se, enfim, com a constante dissimulação de Brigid. Na segunda parte, a impassibilidade insolente de Spade, que aparentemente garantia-lhe um certo controle, é obscurecida pela paixão: levantou-se do sofá movido pela cólera; beijou-a com o desejo atiçado pela ira; reivindicou honestidade para o bem da investigação; atendeu, afinal, à súplica de Brigid por mais confiança através do encontro com Cairo. No momento em que Spade parecia estar no controle da situação, sua posição estava sendo minada pela sequência infatigável de táticas de Brigid – dona de uma astúcia descomunal –, que culmina no uso explícito da sedução.

Tal divisão analítica, contudo, não pode levar a crer que as duas fases são homogêneas em suas características, pois então Spade seria um personagem descontínuo e, portanto, inverossímil para os padrões da narrativa clássica hollywoodiana. De forma inversa, pode-se dizer: a

---

ted to identify a ruthless 'supergangster' they simply indicated on their cast of characters: 'Humphrey Bogart type'"); cf. também Sperber & Lax, op. cit., pp. 86-87.

[73] Friedrich, op. cit., p. 93.

paixão intervém como parte do próprio motivo da presença de Spade no apartamento de Brigid; a postura fleumática é requerida logo após o beijo, na tentativa de retomar um pragmatismo em benefício da posição segura do trabalho. A brutalidade da indiferença e a vulnerabilidade da paixão não se combinam como termos excludentes, mas conviventes: uma tensão que oscila entre a superfície e a profundidade do personagem. O beijo de Spade concentra e potencializa essa tensão: o desejo colérico de beijar Brigid torna-o vulnerável, e por isso a beija com uma fúria insolente. A duplicidade de Spade consiste na mediação dramática entre indiferença e vulnerabilidade, desenvolvida ao longo da narrativa de *O falcão maltês*. Mas tal duplicidade não era exclusiva de Spade.[74]

O filme que permitiu a Bogart manobrar sua saída – sem que ainda conseguisse executá-la de fato – da longa série de tipos coadjuvantes foi *O último*

---

[74] No romance de Hammett, essa tensão é menos intensa: Spade coloca-se em posições vulneráveis, tanto física como emocionalmente, mas sua postura é muito mais dura. Veja o equivalente da cena descrita no início deste capítulo em Dashiell Hammett, *O falcão maltês*, tr. de Rubens Figueiredo, São Paulo, Companhia das Letras, 2001, pp. 78-79:

"Spade riu. Seu riso foi curto e um tanto amargo.

– Essa é boa – disse ele –, vinda de você. O que você me deu além de dinheiro? Deu um pouco de sua confiança? Um pouco da verdade? Alguma ajuda para eu poder ajudá-la? Você não tentou justamente comprar minha lealdade com dinheiro e mais nada? Pois bem, se estou pondo à venda a minha lealdade, por que não aceitar a oferta mais alta?

– Eu lhe dei todo o dinheiro que tinha. – Lágrimas reluziram nos olhos rodeados de branco. Sua voz soou rouca, vibrante: – Eu me entreguei de mãos atadas à sua compaixão, contei-lhe que, sem a sua ajuda, estou completamente perdida. O que mais é preciso? – De repente, ela se aproximou de Spade no canapé e gritou, furiosa: – Posso comprar você com o meu corpo?

Os dois rostos estavam a poucos centímetros de distância. Spade tomou o rosto da moça entre as mãos e beijou sua boca com rudez e insolência. Depois, retomou sua posição no canapé e disse:

– Vou pensar no caso. – O rosto de Spade estava duro e irritado.

A moça ficou parada, manteve seu rosto entorpecido no mesmo lugar onde as mãos de Spade o haviam soltado".

refúgio, de 1940, no qual interpretou Roy Earl, bandido famoso que sai da prisão graças a um indulto comprado pela máfia. Durante a subsequente execução de um golpe, ele encontra o amor onde não esperava, mas as circunstâncias não jogam a seu favor e, perseguido pela polícia, morre encurralado na Sierra Nevada. Em Roy Earl, habita a mesma duplicidade de Spade: a indiferença brutal que beira a violência e a capacidade de se colocar em uma posição vulnerável, seja física ou emocional. Vislumbra-se aqui o encontro entre, de um lado, um trabalho performático longo e profundo que buscou a síntese entre o "tipo juvenil" dos tempos de Broadway e o gângster aprimorado em quatro anos de repetição na Warner; de outro, a oportunidade de interpretar não tipos planos como esses, mas um protagonista complexo como Roy Earl.[75] Se a sofisticada duplicidade da atuação de Bogart os aproxima, a diferença entre tais personagens reside no fato de que o romântico Roy Earl volta-se melancólico para o passado da declinante tradição narrativa dos filmes de gângster, ao passo que o pragmático Spade posiciona-se diante do futuro da tradição detetivesca que inaugura.

12.

De setembro de 1929 a janeiro de 1930, a revista popular de entretenimento *Black Mask* publicou, em cinco partes, o romance policial *O falcão maltês*, logo em seguida editado por Alfred A. Knopf em Nova York.[76] Dashiell Hammett, seu autor, havia trabalhado para a Agência Nacional de Detetives Pinkerton, e ali fizera todo tipo de serviço, desde seguir pessoas até sabotar greves de sindicatos.[77] O protagonista de seu romance

---

[75] Sklar, *City Boys*, pp. 108-113.

[76] Dashiell Hammett, *Complete Novels*, notas a cargo de Steven Marcus, Nova York, The Library of America, 1999, pp. 960-961.

[77] Cf. Friedrich, op. cit., p. 87: "Hammett, ao que parece, gostava de dissimulação e trapaça e da perseguição a suspeitos, ladrões, falsários e assassinos. Andava armado, e às vezes usava a arma. 'Para a agência, sendo o fim a busca da justiça, justificam-se os meios utilizados.' Allan Pinkerton escrevera isso no manual que entregava a seus agentes. Os perseguidores, é claro, tinham uma visão semelhante à dos perseguidos".

é o cínico Sam Spade, detetive particular em São Francisco, trabalho que executa ao lado de um sócio, cuja esposa é sua amante. Quando o sócio – ao seguir o perigoso homem que fugira com a irmã da senhorita Wonderly, linda cliente dos detetives – é assassinado, Spade se vê diante de um caso intrincado, onde nenhum elemento, nem ninguém, revela-se por completo: a senhorita Wonderly, "de tirar o fôlego", na verdade Brigid O'Shaughnessy, inventou a história sobre a irmã, suplica ajuda e recusa-se a expor suas reais intenções; o levantino Joel Cairo, que anda "com passinhos curtos, afetados, saltitantes", apresenta-se a Spade como cliente, apenas para, munido de uma pistola, vasculhar o escritório do detetive em busca de um obscuro artefato; Wilmer, um "espião baixinho" que segue Spade de forma indiscreta pelas ruas de São Francisco; o gordo Casper Gutman, cujas "protuberâncias balofas" sacodem-se quando anda, e que, por meio de uma postura cavalheiresca e um discurso sobre confiança, pretende fazer negócio com Spade acerca de um valioso objeto histórico, cuja origem é o único a conhecer.[78] Logo Spade descobre que estão todos atrás de uma relíquia inestimável – o falcão do título – e que não medirão esforços para possuí-la. Spade, por sua vez, é tão ambíguo quanto os outros personagens, pois seu pragmatismo cínico confunde-se com oportunismo ao dizer sempre o que é vantajoso para si, de acordo com a situação. A principal marca de ambiguidade reside, antes de tudo, no fato de sua amante estar convencida de que Spade matara o sócio por motivos passionais; ademais, Spade também é suspeito aos olhos dos policiais que investigam o homicídio, antigos colegas de profissão.[79] O subterfúgio narrativo de Hammett – e aqui repousa a força do livro – não é menos ambíguo: o narrador apresenta-se em terceira pessoa, sem jamais abandonar a perspectiva de Spade, que, portanto, estende-se de forma ubíqua ao longo do livro. Tudo se passa como se o leitor, de uma certa distância, seguisse Spade em suas perambulações por São Francisco: ele sabe, por um lado, que o detetive não é culpado

---

[78] As descrições estão em Hammett, *O falcão maltês*, op. cit., pp. 8, 58-59, 71, 141.
[79] Tais trechos encontram-se em id., ibid., pp. 34-37 e 24-33.

do crime, pois acompanha-o ininterruptamente e, por outro, que ele seria perfeitamente capaz de cometê-lo, de acordo com a avaliação dos outros personagens.

13.

No mesmo ano em que foi publicado, a Warner comprou os direitos cinematográficos de *O falcão maltês*, terceiro livro do autor, e produziu duas adaptações e meia, uma vez que a terceira tentativa, em 1939, resultou em um roteiro inacabado.[80] A primeira, de 1931, é homônima e segue o romance em suas linhas gerais, sem fazer uso da onipresente perspectiva de Spade, interpretado por Ricardo Cortez com o "ar feroz" descrito por Hammett; anterior ao estabelecimento do código de censura, esta versão contém cenas impensáveis posteriormente, como a de uma desconhecida que arruma a meia-calça ao sair da sala de Spade. A segunda, de 1936, foi intitulada *Satã encontrou uma dama* a partir da descrição de Spade no livro;[81] trata-se de uma comédia distante do romance e considerada por Bette Davis como "um dos piores abacaxis que eu já fiz".[82]

John Huston — ex-boxeador, ex-membro da cavalaria mexicana, ex-pintor, filho do ator Walter Huston e, no começo da década de 1940, escritor promissor na Warner — pautou-se no argumento de que o livro de Hammett "nunca tinha sido na realidade levado à tela" e no direito, estabelecido por seu agente em cláusula no contrato com a Warner,

---

[80] Sperber & Lax, pp. 148-149.

[81] Veja a descrição de Spade em Hammett, *O falcão maltês*, op. cit., p. 7: "O maxilar de Spade era largo e ossudo, seu queixo era um v muito pronunciado, abaixo do v mais suave, formado pela boca. As narinas se arqueavam para trás para formar um outro v, menor. Os olhos amarelo-cinzentos eram horizontais. O tema do v era retomado pelas sobrancelhas um tanto peludas que se erguiam a partir de duas rugas gêmeas acima do nariz adunco, e o cabelo castanho-claro tombava – de suas têmporas altas e retas – em uma ponta, por cima da testa. De modo bem ameno, ele parecia um satã louro".

[82] Citado por Friedrich, op. cit., p. 90.

de escolher um filme para dirigir, e escreveu um roteiro fiel a *O falcão maltês*.[83] O método de Huston não era usual: ao invés de escrever o roteiro a partir do enredo do livro, o que tinha por resultado, em geral, uma adaptação distante na qual em seguida intervinham o produtor, o diretor, o cinegrafista, o elenco, e assim por diante, ele quis seguir o livro, isto é, acompanhar cada guinada de ação. Já havia feito isso em *O último refúgio*, o qual coassinou o roteiro com o autor do romance homônimo, W. R. Burnett;[84] a diferença, agora, é que também iria dirigir o filme e, para isso, elaborou uma série de desenhos em que mostrava a todos da equipe o que queria exatamente em cada cena. Dessa forma, concentrava em suas mãos grande parte do processo criativo de *O falcão maltês*. Huston deve ser localizado como membro de uma nova geração de profissionais na Warner, que incluía o diretor Raoul Walsh e os produtores e escritores Mark Hellinger e Jerry Wald, todos envolvidos, em maior ou menor medida, em três produções decisivas na reformulação dos filmes de crime do estúdio, na passagem para a década de 1940: *Heróis esquecidos*, *Dentro da noite* e *O último refúgio* – sendo que Bogart trabalhou em todos, apenas no terceiro como protagonista.[85]

No começo de 1941, Bogart, a despeito do sucesso de *O último refúgio*, continuava negligenciado pela Warner: perdera as disputas pelos filmes que lhe interessaram, fora remetido de volta à série de personagens secundários, recusara-se a trabalhar e fora suspenso (era um direito do estúdio) por seis meses.[86] Quando retornou, Huston preparava-se para filmar *O falcão maltês*; Bogart demonstrou interesse, mas foi submetido ao jogo político-econômico típico dos estúdios: a Warner queria Henry Fonda para um filme específico, mas o ator tinha contrato com a Fox, que, por sua vez, queria em troca George Raft; para ter espaço de barganha, a

---

[83] Friedrich, ibid., pp. 87-90.
[84] Sperber & Lax, op. cit., p. 149.
[85] Schatz, *O gênio do sistema*, op. cit., pp. 309-312.
[86] Sperber & Lax, op. cit., pp. 141-147.

Warner escalou Raft para interpretar Spade; este, todavia, poderia recusar o encargo (privilégio garantido por seu contrato), e o fez, justificando sua decisão com o fato de que *O falcão maltês* "não era um filme importante"; tal recusa abria caminho para Bogart, preferido por Huston.[87]

De fato, o orçamento modesto de 380 mil dólares não permitia uma produção de prestígio, mas também não se tratava de um filme B.[88] É preciso diferenciar essas três classificações: filmes de prestígio, classe A e classe B. Os primeiros consistiam em "filmes maiores e mais caros que eram maciçamente promovidos e geralmente lançados por meio de turnês especiais";[89] dois exemplos de 1940 incluem o já citado *Rebecca*, de Selznick-Hitchcock,[90] e *O grande ditador*, de Charlie Chaplin.[91] Os ditos de classe A representavam o produto principal dos estúdios, pois eram realizados através de uma rotina industrial especializada e tinham por objetivo veicular a imagem de um artista com estatuto de estrela, sendo assim denominados "veículos de estrela" ("*star-vehicles*"); na Warner, os filmes de crime de Cagney e Robinson, assim como os melodramas de Bette Davis, localizavam-se em tal categoria.[92] Finalmente, os filmes B, lançados a partir do início da Depressão, eram mais curtos e produzidos de forma rápida e barata, com artistas ainda não plenamente estabelecidos ou que não lograram alcançar o apelo de seus colegas vistos como estrelas; entre os filmes B, o gênero mais popular era o *western*.[93] *O falcão maltês* era um filme A; mas um cujo ator principal, Bogart, ainda não era uma estrela.

---

[87] Id., ibid., pp. 149-151.

[88] Schatz, *Boom and Bust*, op. cit., p. 115.

[89] Id., ibid., p. 41: "[...] *bigger and more expensive features that were heavily promoted and usually released on a special 'roadshow' basis*".

[90] Cf. nota 39, *supra*.

[91] Id., ibid.

[92] Id., ibid., pp. 41-43.

[93] Id., ibid., p. 43, 77.

Enquanto Bogart disputava Spade, o produtor Henry Blanke assinava os contratos temporários de três artistas de fora do estúdio: Mary Astor, que havia trabalhado com Bette Davis, interpretaria Brigid; o expatriado austro-húngaro Peter Lorre, que trabalhara no cinema alemão até a ascensão nazista, seria Cairo; o inglês veterano do teatro Sydney Greenstreet, então com 61 anos, faria sua estreia no cinema como Gutman.[94] Em 18 de julho de 1941, após 34 dias de filmagem, Huston concluiu o filme. As prévias, série de testes de audiência que antecedia o lançamento do filme, mostraram que a recepção seria boa, prognóstico confirmado pela estreia em 3 de outubro.[95] A crítica, em particular, prestigiou o filme, indicado a três Oscars, apesar de não ter ganho nenhum: melhor ator coadjuvante (Greenstreet), melhor filme, melhor roteiro (Huston). Em *O último refúgio*, Bogart, apesar de ser o protagonista, tivera seu nome anunciado após o de Ida Lupino, com quem dividia a tela; agora, pela primeira vez na carreira, tinha seu nome exposto em primeiro lugar nos créditos do filme, índice do seu novo estatuto de estrela. Bogart, o gângster, transformou-se em Bogart, o detetive particular.

14.

Parti da descrição de uma cena de *O falcão maltês* para indicar a descontinuidade que se verifica entre a imagem visível na tela e seu processo invisível de produção. Contrapus o olhar do público de hoje, habituado a uma imagem de Bogart sedimentada ao longo do século, ao do contemporâneo a 1941, acostumado com os repetitivos gângsters que ele encarnava, para apontar a situação em que se encontrava o ator em sua carreira cinematográfica. Esbocei sua trajetória profissional, da Broadway a Hollywood, e seus condicionantes sociais, econômicos e

---

[94] Schatz, *O gênio do sistema*, op. cit., pp. 314-315.
[95] Id., ibid., pp. 316-317.

culturais, e também, de uma forma geral, os do artista na era dos estúdios. Delineei o que caracterizou, do ângulo performático, a emergência de Bogart como um intérprete estabelecido em Hollywood: a mediação dramática entre indiferença e vulnerabilidade. Nesse percurso, tratei os estúdios como um sistema não isolado de produção industrial e ressaltei a pertinência do gênero narrativo como perspectiva organizadora da prática cinematográfica. No entanto, uma vez que se tratava de uma arte comercial popular que contava histórias a um público por meio de convenções narrativas reformuladas ao longo do tempo na própria relação com tal público, é necessário examinar tais convenções. Em outras palavras, analiso a seguir o que o historiador da arte Michael Baxandall denominou "estilo cognitivo do período", isto é, a cultura visual, oriunda da experiência social, que, a despeito das distintas vivências entre produtores e consumidores de imagens, permitia-lhes compartilhar histórias comuns.[96]

15.

A melhor descrição jamais feita do estilo cognitivo hollywoodiano da era dos estúdios há de equiparar-se à lição do executivo Monroe Stahr em *O último magnata*. Esse romance inacabado e póstumo de F. Scott Fitzgerald, escrito a partir de sua experiência como roteirista em Hollywood, foi publicado em 1941, um ano após seu falecimento repentino ter interrompido a redação, e o mesmo ano de *O falcão maltês*.

A chegada de George Boxley ao escritório de Stahr precede o excerto a seguir. Boxley, romancista inglês contratado para escrever roteiros em Hollywood, quase nunca assiste a filmes. Ele está perturbado pelas dificuldades que encontra no trabalho, particularmente em relação

---

[96] Michael Baxandall, *Painting and Experience in Fifteenth-Century Italy. A Primer in the Social History of the Pictorial Style*, Oxford, Oxford University Press, 1988, pp. 38-40.

aos diálogos, que considera "artificiais".[97] Stahr pede que ele esqueça os diálogos por um momento; pergunta ao escritor se seu escritório possui um aquecedor que se acende com fósforos; empertigado, Boxley diz que sim, mas nunca o usa. Stahr prossegue:

> "Imagine que você está em seu escritório. Você tem travado duelos ou escrito o dia todo e está muito cansado para lutar ou escrever mais. Você está lá sentado fitando – entorpecido, como nós todos ficamos às vezes. Uma bonita estenógrafa que você já viu antes entra na sala e você a observa – de forma indolente. Ela não vê você, apesar de estar muito próximo. Ela despe as luvas, abre sua bolsa e a esvazia sobre uma mesa –"

> Stahr se levantou, meneando seu chaveiro sobre sua mesa.

> "Ela tem vinte centavos e um níquel – e uma caixa de fósforos. Ela deixa o níquel sobre a mesa, põe os vinte centavos de volta em sua bolsa e leva suas luvas pretas ao aquecedor, abre-o e as coloca dentro. Há um fósforo na caixa e ela começa a acendê-lo, ajoelhada ao aquecedor. Você percebe que há um vento firme soprando da janela – mas aí então seu telefone toca. A garota atende, diz alô – escuta – e diz deliberadamente ao telefone, 'Eu nunca possuí um par de luvas pretas em minha vida'. Ela desliga, ajoelha-se ao aquecedor outra vez, e precisamente quando ela acende o fósforo, você olha ao redor muito repentinamente e vê que há outro homem no escritório, observando cada movimento que a garota faz –"

> Stahr deteve-se. Pegou suas chaves e colocou-as em seu bolso.

> "Continue", disse Boxley, sorrindo. "O que acontece?"

> "Eu não sei", disse Stahr. "Eu estava apenas fazendo filmes."

> Boxley sentiu que estava sendo colocado em contrassenso.

> "É apenas melodrama", disse.

> "Não necessariamente", disse Stahr. "Em todo caso, ninguém se moveu violentamente ou falou diálogo barato ou teve absolutamente quaisquer expressões faciais. Houve somente uma fala ruim, e um escritor como você poderia melhorá-la. Mas você estava interessado."

---

[97] Fitzgerald, *The Last Tycoon*, op. cit., p. 39.

"Para que era o níquel?", perguntou Boxley, evasivo.

"Eu não sei", disse Stahr. De repente, riu. "Ah, sim – o níquel era para o cinema."

[...]. Ele [Boxley] relaxou, inclinou-se para trás em sua cadeira e riu.

"Para que diabos você me paga?", inquiriu. "Eu não entendo a maldita coisa."

"Você entenderá", disse Stahr arreganhando os dentes, "ou você não teria perguntado sobre o níquel."[98]

---

[98] Id., ibid., pp. 40-41: "'Suppose you're in your office. You've been fighting duels or writing all day and you've too tired to fight or write any more. You're sitting there staring – dull, like we all get sometimes. A pretty stenographer that you've seen before comes into the room and you watch her – idly. She doesn't see you, though you're very close to her. She takes off her gloves, opens her purse and dumps it out on a table –'
Stahr stood up, tossing his key-ring on his desk.
'She has two dimes and a nickel – and a cardboard match box. She leaves the nickel on the desk, puts the two dimes back into her purse and takes her black gloves to the stove, opens it and puts them inside. There is one match in the match box and she starts to light it kneeling by the stove. You notice that there's a stiff wind blowing in the window – but just then your telephone rings. The girls picks it up, says hello – listens – and says deliberately into the phone, "I've never owned a pair of black gloves in my life." She hangs up, kneels by the stove again, and just as she lights the match, you glance around very suddenly and see that there's another man in the office, watching every move the girl makes –'
Stahr paused. He picked up his keys and put them in his pocket.
'Go on,' said Boxley, smiling. 'What happens?'
'I don't know,' said Stahr. 'I was just making pictures.'
Boxley felt he was being put in the wrong.
'It's just melodrama,' he said.
'Not necessarily,' said Stahr. 'In any case, nobody has moved violently or talked cheap dialogue or had any facial expressions at all. There was only one bad line, and a writer like you could improve it. But you were interested.'
'What was the nickel for?' asked Boxley evasively.
'I don't know,' said Stahr. Suddenly he laughed. 'Oh, yes – the nickel was for the movies.'
The two invisible attendants seemed to release Boxley. He relaxed, leaned back in his chair and laughed.
'What in hell do you pay me for?' he demanded. 'I don't understand the damn stuff.'
'You will,' said Stahr grinning, 'or you wouldn't have asked about the nickel.'"

O drama de Boxley consiste em, munido de palavras, enveredar-se por um ofício visual: se um roteiro de cinema é feito de palavras, seu objetivo é produzir imagens. A engenhosidade da lição de Stahr repousa em eleger um elemento da vivência cotidiana de Boxley – o aquecedor em seu escritório, mesmo que ele não faça uso dele – para, em sua vizinhança, construir uma narrativa fundamentalmente visual: trata-se de ficção, mas é verossímil que ocorresse ali mesmo, em seu local de trabalho. O efeito dessa didática é a aproximação máxima entre a narrativa e Boxley, que, entretido pela riqueza de detalhes (o entorpecimento da rotina, a beleza da estenógrafa, seu comportamento misterioso) passa a fazer conjecturas para preencher as lacunas desse fragmento de história, daí a questão sobre o níquel, do qual não se diz uma palavra, mas que o olhar da suposta câmera expõe como significativo para se compreender a trama. Em suma, Stahr explica a Boxley – que, incoerentemente, não cultiva a vivência do cinema, mas escreve para ele – o que é o cinema clássico.

16.

"A projeção da imagem na tela", diz Ismail Xavier, "consolidou a descontinuidade que separa o terreno da performance e o espaço onde se encontra o espectador, condição para que a cena se dê como uma imagem do mundo que, delimitada e emoldurada, não apenas dele se destaca mas, em potência, o representa".[99] O olhar subjacente a essa estrutura não é inerte; ele participa de forma ativa do jogo de relações entre o visível e o invisível no cinema: "A montagem sugere, nós deduzimos".[100] Com Alfred Hitchcock, a autoconsciência da representação clássica assume seu paroxismo. A seguir, sigo Xavier na análise de *Um corpo que cai*, de 1958, através da minha descrição do filme.

---

[99] Ismail Xavier, *O olhar e a cena. Melodrama, Hollywood, Cinema Novo, Nelson Rodrigues*, São Paulo, Cosac Naify, 2003, p. 7.
[100] Id., ibid., p. 33.

Em *Um corpo que cai,* o policial Scottie (James Stewart) descobre sua fobia de altura durante a perseguição a um criminoso sobre os telhados de São Francisco, momento o mais inoportuno, que leva um policial à morte. Afastado da polícia, ele é contatado por Elster (Tom Helmore), velho colega do tempo do colégio, de quem não se lembra muito bem, que, preocupado com o comportamento estranho da esposa, Madeleine (Kim Novak), pede a Scottie que a siga, tarefa que ele aceita relutantemente. Logo ele se envolve no mistério que cerca a curiosa trajetória urbana de Madeleine e se encanta com sua beleza. Ela percorre locais aparentemente comuns da cidade: um museu, o cemitério de uma igreja, um hotel; o caráter heteróclito que cerca essa sequência está na frequência regular com que ela a percorre e, sobretudo, no motivo: uma ascendente suicida teria se apoderado da consciência de Madeleine.[101] Conforme Scottie a segue de longe, produz-se uma "ostensiva duplicação":

> São duas esferas, uma dentro da outra, que não se tocam. Madeleine nunca devolve o olhar a Scottie, ninguém devolve o olhar à câmera (regra do filme clássico). Mas é ambígua essa passividade, pois é o movimento dela que dirige o olhar dele, é a ação de ambos que dirige o nosso olhar, sempre na esteira do ângulo de observação de Scottie, com quem partilhamos a ignorância, a curiosidade, a descoberta.[102]

Madeleine se lança afinal às águas da baía e cabe a Scottie salvá-la: rompe-se a distância que os separavam. A paixão é recíproca e instantânea; resta o complexo de suicídio como ameaça. "Encarnando a figura híbrida de detetive, apaixonado e terapeuta", afirma Xavier, Scottie procura "curar a mulher por quem está apaixonado. Nada nos coloca diante dele na investigação".[103] Ela conclui sua tendência suicida de uma maneira que desafia a condição de medo mórbido de Scottie: ela atira-se da torre do sino de uma missão católica, local evocado em seus devaneios oníricos

---

[101] Id., ibid., pp. 52-53.
[102] Id., ibid., p. 53.
[103] Id., ibid., p. 54.

onde Scottie a leva em uma tentativa de catarse. À fobia de altura soma-se o trauma insuportável da perda.[104]

Tudo se encerraria aí, se Scottie não ficasse obcecado com uma moça que vislumbra na rua, Judy (Kim Novak, outra vez), muito semelhante à Madeleine. Cria-se, então, o suspense a partir de uma surpresa, revelada apenas à câmera, operação que rompe a identidade entre o aparato e o espectador, pois agora este encontra-se um passo à frente de Scottie: Judy é Madeleine. Ignorante desse fato, o detetive mergulha em seu desejo e investe na minuciosa (re)transformação de Judy, morena, em Madeleine, loira; o espectador sabe agora que, na verdade, esta é simulacro daquela, mas, para Scottie, ainda é o contrário. Ele só irá se dar conta do estratagema – Elster havia assassinado a mulher e queria se livrar do cadáver, o verdadeiro corpo que cai da torre – devido a uma pista infinitesimal, significativa para um detetive – "profissional do olhar"[105] ironizado com argúcia por Hitchcock –, a saber, o colar de Judy é idêntico ao de Madeleine. Scottie leva Judy ao campanário para confrontar a verdade, e outro corpo cai da torre, desta vez por um acidente trágico não planejado.[106]

> [Elster] conhece o segredo maior, pois sua construção não se esgota na performance da cena, não envolve apenas o controle do lugar do crime. *Exige o controle do lugar do espectador, pois é ele quem deve completar a geometria do espetáculo.* O crime perfeito, como um filme clássico, é uma simulação de mundo que exige um espectador determinado, enquanto posição do olhar mas também enquanto desejo, pois está aí a articulação peculiar de que o percurso de Scottie se mostra paradigma.[107]

---

[104] Id., ibid., pp. 53-54.

[105] Id., ibid., p. 52.

[106] Id., ibid., pp. 54-56. O próprio Hitchcock reconhece o furo que há nesse estratagema como argumento narrativo para o filme: "Constrange-me o furo que há no relato. O homem, o marido que jogou o corpo de sua mulher do alto do campanário, como podia saber que James Stewart não ia subir as escadas? Porque sofria de vertigens? Mas isso ninguém podia garantir!" (François Truffaut & Helen Scott, *Hitchcock/Truffaut: entrevistas*, tr. de Rosa Freire d'Aguiar, São Paulo, Companhia das Letras, 2004, p. 249).

[107] Xavier, *O olhar e a cena*, op. cit., p. 82, grifos do autor.

A geometria do espetáculo que sobrepõe o gênio do crime ao gênio da *mise-en-scène*, como diz Xavier, apresenta, portanto, um duplo efeito: ela torna Elster duplo de Hitchcock e supõe que Scottie – pelo menos até o momento em que a narrativa intervenha e revele que Judy é Madeleine – seja o duplo do espectador. Nessas duplicidades, as relações entre os termos não são contínuas; um elemento tácito estabelece a mediação: a câmera. "O que é a ficção do cinema clássico senão uma simulação de mundo para o espectador identificado com o aparato?"[108]

17.

A lógica narrativa do filme clássico consiste em apresentar personagens individualizados por traços particulares bem delineados que compõem uma identidade homogênea, confirmada na primeira aparição e cuja consistência mantém-se por repetição. Uma vez apresentados, os personagens são orientados para a busca de um objetivo, o que estabelece uma corrente linear de causas e efeitos, ações e reações, que esculpe as expectativas do público na forma de hipóteses a serem testadas.[109] Como a narrativa clássica é fundamentalmente confiável – quando ela indica, em *Um corpo que cai*, que Judy é Madeleine, não há dúvida sobre a veracidade de tal fato –, é possível, para o público, organizar as hipóteses por probabilidade e reduzir a amplitude de alternativas de ação, cujo sentido está voltado para o que irá ocorrer a seguir. Ao longo desse eixo narrativo, o movimento é gerado contínua e sistematicamente pela abertura de brechas logo preenchidas, sendo que nenhuma brecha é permanente.[110] Se o espectador é o detetive da narrativa clássica hollywoodiana, é um detetive que, com um pouco de atenção, sempre resolve seu caso; daí a

---

[108] Id., ibid., p. 52. Ver também o prefácio de Xavier à edição brasileira de Truffaut & Scott, op. cit., pp. 15-19.

[109] D. Bordwell, "The Classical Hollywood Style, 1917-60". In: Bordwell, Staiger & Thompson, *The Classical Hollywood Cinema*, op. cit., pp. 13-18.

[110] Id., ibid., pp. 40-41.

convicção de Stahr de que Boxley, por estar atento ao níquel, acabará por compreender a mecânica cinematográfica. "O filme hollywoodiano não nos leva à conclusões inválidas [...]; na narrativa clássica, o corredor pode ser sinuoso, mas nunca é desonesto."[111]

O livro de Hammett é inteiramente compatível com essa forma narrativa. Primeiro, a identidade de cada personagem: o cinismo pragmático de Spade; as mentiras sedutoras de Brigid; a afetação delicada de Cairo; a obsessão cavalheiresca de Gutman; a inabilidade de Wilmer como capanga. Segundo, o objetivo: ao indicar apenas o de Spade (descobrir o assassino de seu sócio), o livro obriga o leitor a inferir progressivamente, através da linearidade de causas e efeitos construída pelas ações dos personagens, o objeto obscuro em torno do qual todos gravitam. No final do romance, ao se revelar o falcão uma réplica, evidencia-se que a busca pelo artefato não passou de um pretexto para estabelecer as relações entre os personagens. O fato de o leitor acompanhar tais relações ininterruptamente da perspectiva de Spade indica que o objetivo último de *O falcão maltês* não é outro senão descrever o olhar do detetive. A perspicácia de Huston residiu em ter notado a homologia poderosa entre o olhar do detetive mediado por palavras e o olhar do detetive mediado pela câmera, o que supõe, em ambos os casos, o público como duplo – a consciência aguda da representação clássica.

Contudo, verifica-se duas diferenças substanciais entre o livro de Hammett e o filme de Huston. A primeira reside no rompimento – o único – que Huston opera no olhar de Spade. Trata-se da única cena em todo o filme em que Spade não está presente: a do assassinato do sócio, baleado enquanto trabalhava no caso de Brigid, que se passava por senhorita Wonderly. Nota-se que o sócio surge de chapéu e sobretudo, com as mãos no bolso e um leve sorriso, e parece reconhecer seu algoz; seu sorriso se encerra ao ver, antes do espectador, o revólver apontado

---

[111] Id., ibid., p. 41: "*The Hollywood film does not lead us to invalid conclusions [...]; in the classical narrative, the corridor may be winding, but it is never crooked*".

em sua direção. Ela não está presente no livro porque rompe a continuidade do olhar de Spade e, afinal, é inútil, pois a polícia colocará o protagonista (e o público) a par dos detalhes do crime. Tal rompimento não reforça as suspeitas que pairam sobre Spade, pois o sorriso do sócio para o assassino misterioso não é o tipo de sorriso que ele lançaria a um homem: seu algoz é uma mulher.

A segunda diferença circunscreve-se ao final da história. O filme termina no confronto dramático entre Brigid e Spade, que conclui – por um detalhe, além da série de mentiras – ser ela a assassina do sócio, pois este tinha experiência o suficiente para não ser pego em um beco pelo homem que seguia com a arma no coldre e o casaco abotoado. Apesar de amá-la, Spade entrega-a à polícia, porque, explica, não confia nela e não é desonesto como seu pragmatismo às vezes leva a crer. O filme se encerra com a polícia escoltando Brigid. No romance de Hammett, ainda há uma cena derradeira, na qual Spade retorna ao escritório e à amante, viúva do sócio, final cínico que não poderia concluir a versão cinematográfica, pois iria contra o código de censura e contra a coerência, uma vez que Spade passa o filme todo a evitando, como se o caso entre eles fosse recente, mas estivesse encerrado.

Em suma, pode-se dizer:

> Como um detetive particular, o herói teimoso era por natureza um solitário isolado, um vigoroso individualista e um homem com seu próprio código pessoal de honra e justiça. De fato, em seu passado obscuro, o detetive invariavelmente havia resignado ou sido despedido de uma capacidade oficial de lei e ordem e compartilha com o elemento criminal um profundo ressentimento das autoridades legítimas. Nesse sentido, ele tem mais em comum com o herói do *western* do que com o gângster, o policial ou o mais tradicional detetive no estilo Sherlock Holmes. Como o herói do *western*, a capacidade do detetive para a violência e o conhecimento das ruas aliavam-no ao elemento fora da lei, enquanto seu código pessoal e idealismo o comprometiam à promessa da ordem social. E como interpretado por Bogart, o detetive durão provou ser um tipo cinematográfico ideal para o pré-guerra – um herói irreverente e relutante, um idealista amarrotado

cujo exterior duro e cínico esconde um homem sensível, vulnerável e fundamentalmente íntegro. E, de forma significativa, esse tipo cinematográfico também provou ser prontamente adaptável para o contexto de guerra, como Bogart demonstraria após Pearl Harbor.[112]

Essa foi a parte que coube a Bogart executar em sua estreitíssima margem de manobra; sua competência como ator advém do fato circunstancial de estar apto a oferecer, por meio da experiência profissional acumulada, uma performance adequada aos elementos contingentes que escapavam completamente de seu domínio. Fosse ele inábil, ou caso não estivesse preparado para executar seu trabalho de acordo com tais circunstâncias, ou ainda, fossem outros os elementos contigentes, então a história teria sido outra e, talvez, ele jamais teria superado a categoria de promessa de estrela cinematográfica que ocupava na passagem para a década de 1940. Havia, enfim, no sistema de estúdios, um imenso desequilíbrio estrutural na relação entre o reduzido espaço de negociação de Bogart e a vastidão de elementos que intervinham, de forma direta e indireta, em sua carreira.

18.

Ao tratar dos traços que caracterizaram as interpretações de Bogart – do início de sua carreira na Broadway até *O falcão maltês* –, falei de tipo,

---

[112] Schatz, *Boom and Bust*, op. cit., pp. 115-116: "*As a private eye, the hard-boiled hero was by nature an isolated loner, a rugged individualist, and a man with his own personal code of honor and justice. Indeed, in his murky past the detective invariably has resigned or been fired from an official law-and-order capacity, and he shares with the criminal element a deep resentment of the legitimate authorities. In that sense, he has more in common with the Western hero than either the gangster, the cop, or the more traditional Sherlock Holmes-style detective. Like the western, the detective's capacity for violence and streetwise savvy ally him with the outlaw element, while his personal code and idealism commit him to the promise of social order. And as portrayed by Bogart, the hard-boiled detective proved to be an ideal screen type for the prewar era–an irreverent, reluctant hero and rumpled idealist whose tough, cynical exterior conceals a sensitive, vulnerable, and fundamentally moral man. And significantly enough, this screen type also proved readily adaptable to a war-related context, as Bogart would demonstrate after Pearl Harbor*".

imagem, figura; não falei de identidade, palavra capciosa e discordante do movimento analítico processual privilegiado aqui. A historiografia do cinema norte-americano, por sua vez, privilegia um termo interessante: *persona* cinematográfica (*screen persona*). Considere-se o seguinte excerto, que, apesar de longo, tem a dupla vantagem de, por um lado, oferecer uma visão geral do período decisivo da carreira de Bogart e justificar, em certa medida, minha escolha pelo ator, que permite um recorte histórico bem delineado; por outro, mostrar bem o que a historiografia entende por *persona* cinematográfica.

> *O sono eterno* [1946] proveu um veículo adequado para levar Bogart além dos anos de guerra, assim como *O falcão maltês* tinha adequadamente introduzido tal período. De fato, havia uma simetria notável na carreira de Bogart no começo dos anos 1940: seu retrato pré-guerra do detetive Sam Spade e seu pós-guerra Philip Marlowe colocou efetivamente entre parênteses a era da guerra, enquanto Bogart abria e fechava o próprio período de guerra com dois outros filmes estranhamente simétricos, *Casablanca* [1942] e *Uma aventura na Martinica* [1944]. Estes, por sua vez, colocaram entre parênteses vários filmes de combate feitos em 1943, no meio da guerra. Aqui também há uma trajetória linear, um claro desenvolvimento da *persona* cinematográfica de Bogart. *O falcão maltês* e *Casablanca* estabeleceram firmemente a *persona* de Bogart justo quando Cagney e Robinson deixaram a Warner, e eles também distinguiram Bogart do outro astro masculino principal da Warner, Errol Flynn. Enquanto Flynn era vigoroso e atlético, Bogart era contemplativo e um pouco sedentário. Flynn era hipercinético; Bogart era essencialmente "frio". Flynn cintilava beleza jovial e transpirava sexualidade; Bogart era amarrotado e próximo da meia-idade. (Bogart era, na verdade, dez anos mais velho que Flynn.) Flynn estava em constante, ofegante movimento; Bogart era uma figura em repouso, arqueado em um casaco de trincheira com um cigarro pendente dos lábios. Bogart também provou em *Comboio para o leste* [1943] e *Saara* [1943] ser mais adaptável ao filme de guerra que Flynn, enquanto também poderia se sustentar em papéis mais românticos.[113]

---

[113] Schatz, *Boom and Bust*, op. cit., p. 221: "The Big Sleep *provided a fitting vehicle to carry Bogart out of the war years, just as* The Maltese Falcon *had fittingly ushered them*

O beijo de Spade

Na comparação entre Bogart e Flynn – ator australiano da Warner que se estabeleceu como herói de capa-e-espada –, percebe-se que a ideia de *persona* consiste em uma individualidade artística delineada pela performance na tela, a partir da qual é descrita através de traços físicos e gestos corporais. A implicação é que os personagens dos dois atores não são intercambiáveis: Flynn ficaria esquisito como detetive particular, e Bogart seria impensável como Robin Hood. A noção de *persona* artística diferencia um intérprete de outro, ou seja, é um mecanismo de distinção, não apenas artística, mas também, e fundamentalmente, social, uma vez que estabelece uma posição para se alojar na estrutura de produção cinematográfica.

Tal interpretação evoca duas noções bem conhecidas da antropologia que remetem a Marcel Mauss: a de pessoa e a de técnicas corporais. Em seu ensaio sobre a noção de pessoa, Mauss – dando continuidade aos esforços da escola francesa de sociologia em fazer a história social das categorias do espírito humano, tomadas a princípio de Aristóteles – propõe-se a tarefa de descrever as diversas formas que o conceito assumiu ao longo do tempo e em diversas sociedades, lançando mão para tanto da análise

---

in. Indeed, there was a remarkable symmetry to Bogart's career in the early 1940s: his prewar portrayal of the detective Sam Spade and his postwar Philip Marlowe effectively bracketed the war era, while Bogart opened and closed the war period itself with two other oddly symmetrical films, Casablanca *and* To Have and Have Not. *These in turn bracketed several straightforward combat films done in 1943, in the midst of the war. There is a linear trajectory here as well, a clear development of Bogart's screen persona.* The Maltese Falcon *and* Casablanca *firmly established Bogart's persona just when Cagney and Robinson left Warners, and they also distinguished Bogart from Warners' other top male star, Errol Flynn. Whereas Flynn was vigorous and athletic, Bogart was contemplative and a bit sedentary. Flynn was hyperkinetic; Bogart was quintessentially "cool." Flynn flashed youthful good looks and exuded sexuality; Bogart was rumpled and pushing middle age. (Bogart was, in fact, ten years older than Flynn.) Flynn was in constant, breathless motion; Bogart was a figure in repose, hunched in a trenchcoat with a cigarette dangling from his lips. Bogart also proved in* Action in the North Atlantic *and* Sahara *to be more adaptable to the war film than Flynn, while he could hold his own in more romantic roles as well"*.

das respectivas instituições que julga pertinentes.[114] O objetivo central é mostrar como a concepção particular de "Eu", tomada por inata, é extremamente recente, mesmo no Ocidente, sua origem remetendo à noção de *persona* latina. A definição romana de pessoa como fato fundamental do direito não excluiu o uso do termo *persona* como "personagem artificial, máscara e papel de comédia e de tragédia, representando o embuste, a hipocrisia – o estranho ao 'Eu'".[115] Se, ao longo do percurso, manteve-se o desenvolvimento paralelo do duplo sentido do conceito – o que é artifício e o que é "a verdadeira face" –, Mauss está mais interessado no segundo, e indica como à contribuição romana somaram-se o significado moral de ser independente, a entidade metafísica individual dos cristãos e a dimensão de consciência dos filósofos, chegando, enfim, à ideia de pessoa como ser psicológico.

Em *As técnicas do corpo*, Mauss mostra-se intrigado por uma série de fatos sociais que dispõe sob a rubrica "diversos", e que, seguindo seu raciocínio do concreto ao abstrato, podem ser exemplificados por um episódio de sua experiência pessoal, no qual, doente em um hospital de Nova York, ele perguntava-se "onde tinha visto moças andando como minhas enfermeiras";[116] descobriu, afinal, que fora no cinema, e mais: que as jovens francesas também andavam da mesma maneira. "De fato", concluiu, "os modos de andar norte-americanos, graças ao cinema, começavam a se disseminar entre nós".[117] A revelação acaba por descortinar, em relação a tais fatos sociais, a noção aristotélica de *habitus*, do que é adquirido, e varia não somente ao longo do tempo e entre as sociedades, mas também de acordo com a educação, a moda, o prestígio – fenômeno que relaciona as dimensões social, psicológica e biológica, exigindo, assim, o tríplice ponto de vista daquele que Mauss

---

[114] Marcel Mauss, "Uma categoria do espírito humano: a noção de pessoa, a de 'Eu'", *Sociologia e antropologia*, tr. de Paulo Neves, São Paulo, Cosac Naify, 2003, pp. 381-382.

[115] Id., ibid., p. 389.

[116] M. Mauss, "As técnicas do corpo", *Sociologia e antropologia*, op. cit., p. 403.

[117] Id., ibid., p. 404.

chama "homem total".[118] O caráter dinâmico nesse argumento fica a cargo da técnica, ato tradicional eficaz sentido como um ato de ordem mecânica, física ou físico-química, e realizado com tal objetivo; daí a noção de técnicas do corpo, ou seja, as maneiras pelas quais o homem pode se servir de seu próprio corpo, seu primeiro e mais natural objeto e meio técnico.[119]

Em relação à noção de pessoa, é preciso lembrar, por um lado, que a conclusão final do autor ressalta a incompletude do processo, isto é, tal noção persiste em se transformar; por outro, que o sentido de artifício do termo não é explorado na mesma medida em que o de "Eu". Ora, ao tomar a imagem de Bogart, produto do artifício mecânico (câmera) e performático (corpo), deve-se levar em conta que há outro Bogart, o ator, indivíduo racional com consciência moral, acessível através dos depoimentos biográficos e da historiografia do cinema, mas que apenas o primeiro é diretamente observável por meio dos filmes. Se a noção de pessoa varia ao longo do tempo e entre as sociedades, ela é – ao menos na acepção da qual Mauss fez a história social – uma abstração êmica; já as técnicas corporais são um conceito forjado pelo autor a partir de observações concretas. Ora, as segundas é que são diretamente observáveis nos filmes: através das performances do intérprete, isto é, dos usos dramáticos que Bogart faz de seu corpo ao longo do tempo, é possível descrever sua *persona* cinematográfica. Tal descrição será sempre um esforço comparativo, uma vez que a arte performática hollywoodiana pressupõe sempre uma relação, seja entre os intérpretes de um filme, como na descrição que abre este ensaio; entre intérpretes contemporâneos, como no excerto que contrapõe Bogart e Flynn; ou entre distintas performances do mesmo intérprete.

Qual a relação entre essas duas *personas*, entre Spade e Bogart? Estaria em cena, na tela, a representação de uma noção de "Eu" – senão nos

---

[118] Id., ibid., pp. 404-405.
[119] Id., ibid., pp. 407-408.

tipos, ao menos nos personagens com espessura dramática, como Roy Earl e Spade – que, oriunda da performance, é distinta, mas inseparável, da *persona* cinematográfica de seu intérprete? Até que ponto tais *personas* se confundem, se é que podem efetivamente serem diferenciadas, mesmo analiticamente? Qual é, afinal, a forma que a ideia de *persona*, em seu duplo significado (representação do "Eu" e artifício cinematográfico), assume na Hollywood da era dos estúdios e, em particular, no caso de Bogart?

19.

Ao enfrentar a equação entre nome, gênero, corpo e convenções, através de um fenômeno singular, o elevado prestígio desfrutado pelas atrizes do jovem teatro moderno brasileiro, Heloisa Pontes delineou o que chamou de mecanismo social e cultural de burla teatral: o acordo tácito entre profissionais do teatro e público que permite os intérpretes, em benefício do espetáculo, contornarem constrangimentos diversos (físicos, sociais, de gênero). A eficácia do mecanismo, próprio do teatro, repousa na corporificação de um intérprete capaz de produzir uma performance simbolicamente persuasiva.[120]

O caso exemplar é a atriz Cacilda Becker, dona de uma "flama interior", de acordo com o crítico Décio de Almeida Prado.[121] Somente através do mecanismo de burla é que se compreende como ela pôde transitar por personagens tão heteróclitos como a rainha Mary Stuart e o menino Pega-Fogo: em seu trabalho de interpretação, a atriz possuía a sagacidade de fundir recursos de verossimilhança – respectivamente, o traje real e o esparadrapo que lhe comprimia os seios – e sua própria experiência pessoal, o que lhe conferia uma eficácia dramática capaz de

---

[120] Heloisa Pontes, "A burla do gênero. Cacilda Becker, a Mary Stuart de Pirassununga", *Tempo social*, vol. 16, nº 1, 2004, pp. 231-238.

[121] Id., ibid., p. 245.

sustentar a negociação tácita que está na base do mecanismo.[122] O poder deste é equivalente à habilidade que demanda. O fato de que Cacilda estava, em certa medida, deslocada dos padrões estéticos do pós-guerra é particularmente relevante: a beleza é uma marca difícil de contornar nas artes performáticas e tende a sabotar o esforço de burla teatral.[123] A beleza permitiria Cacilda incorporar a rainha, mas seria um estorvo na interpretação do menino. Vinte anos depois, ela comentou sobre sua incursão infrutífera ao cinema nos anos 1940: "'E fui considerada, na época, pessoa não feita para o cinema, isto é, antifotogênica, de ossos expostos etc.'".[124]

O cinema não possui o mecanismo de burla porque o intérprete e seu público, apartados, não podem estabelecer o acordo: os constrangimentos – principalmente as marcas corporais – são, em grande medida, incontornáveis para a câmera que media a relação. Assim, o intérprete cinematográfico é selecionado menos pela competência que pelas marcas de sua aparência – processo fisiognomônico inverso ao teatro – e a repetição de sua performance não faz outra coisa senão reforçar sistematicamente tal aparência, de forma que o esforço de mudança geralmente é vão e refém da convergência de um grande número de elementos contingentes. Em suma, o cinema concentra uma especialidade imagética; o teatro amplia uma diversidade performática. Pontes indica que, quando Cacilda morreu de modo prematuro em 1969, Carlos Drummond de Andrade escreveu: "Morreram Cacilda Becker". Não é possível dizer o mesmo de Bogart: o ator faleceu em 1957, mas sua *persona* cinematográfica – a única que possuía – continua viva por meio da reprodutibilidade técnica.

Quando Walter Benjamin comparou o teatro e o cinema, sublinhou do segundo uma característica *sui generis* e de grande importância do

---

[122] Id., ibid., p. 258.
[123] Id., ibid., p. 254.
[124] Id., ibid., p. 250.

ponto de vista social: o intérprete representa diante da câmera e de um "grêmio de especialistas" que podem intervir a qualquer momento; tal procedimento transforma a interpretação em uma série de testes a serem aprovados e destitui o ator da unidade da representação, pois fica sujeito a um cronograma de filmagem fracionado e previamente estabelecido.[125] Em outras palavras, ao intérprete cinematográfico é interditada a entrada no interior de um papel, como é exigido de seu correspondente teatral, que encarna de forma ininterrupta, do começo ao fim, a existência completa de um personagem.[126] No cinema, o ator e a atriz percorrem uma rotina de descontinuidade performática cuja única continuidade é o fato de que estão, todos os dias, a executar sob contrato a cena exigida. É assim que Benjamin evoca Luigi Pirandello: "O ator de cinema sente-se exilado. Exilado não somente do palco, mas de si mesmo".[127]

Da perspectiva de Bogart em *O falcão maltês*, vê-se que: após uma enorme série de personagens insípidos, ele obteve certo sucesso com Roy Earl, mas o estúdio continuou a negligenciá-lo; ele protestou e foi suspenso por quase seis meses; no retorno, mostrou interesse pelo papel de Spade; obteve-o porque outro ator o descartara; dirigiu-se ao estúdio de acordo com o cronograma de Huston; executou seus testes performáticos até obter aprovação – o que, algumas vezes, como na cena do beijo, podia demorar um pouco; concluiu a parte que lhe cabia no filme e foi trabalhar em outro; meses depois, o filme era lançado no cinema; nele, Spade, afinal, apresentou-se por inteiro na sequência completa da montagem, manipulação

---

[125] Walter Benjamin, "A obra de arte na era de sua reprodutibilidade técnica. Primeira versão". In: *Magia e técnica, arte e política. Ensaios sobre literatura e história da cultura*, tr. de Sergio Paulo Rouanet, São Paulo, Brasiliense, 1994, p. 178. Para a segunda versão, cf. "A obra de arte na época de suas técnicas de reprodução". In: W. Benjamin *et alii, Textos escolhidos*, tr. de José Lino Grünnewald, São Paulo, Abril Cultural, 1983, pp. 3-28; para uma análise desse ensaio em relação à obra do autor, cf. Miriam Hansen, "Benjamin, Cinema and Experience: 'The Blue Flower in the Land of Technology'". In: *New German Critique*, nº 40, 1987, pp. 179-224.

[126] Id., ibid., p. 181.

[127] Id., ibid., p. 179.

de outrem de imagens que contém, entre outros, Bogart; obteve, enfim, uma reação de público e crítica. Ora, o controle de Bogart nesse processo todo é mínimo, e aquele seu outro que se vê na tela lhe é estranho: da descontinuidade da produção advém a descontinuidade entre Bogart e Spade – mas é através deste, primeiro personagem de uma série, que a *persona* cinematográfica daquele começou a ser construída. De um lado, conforme a *persona* se delineava, Bogart passou a obter maior controle sobre a produção de seus filmes, pois sedimentava uma posição; de outro, ele tornava-se cada vez mais dependente de tal *persona*, pois ela é que mediava a sua posição no estúdio. Como Spade fez sucesso, Bogart viu-se obrigado a repeti-lo com uma pequena variação e compor outra interpretação descontínua que gerou outro personagem completo apenas como imagem na tela do cinema. A variação diferencia um personagem do outro, mas ela é sempre mínima para forjar a unidade da *persona*. Em resumo, através de um trabalho performático fragmentado e coletivo, Bogart compôs Spade, personagem que mediava com eficácia a posição daquele no estúdio por meio do esboço de uma *persona* cinematográfica que o distinguia artística e socialmente – e do qual, a partir de então, o ator é dependente. A *persona* é, então, o único elemento presente nos dois mundos, dentro e fora da tela, em Spade e em Bogart; portanto ela só é apreensível na relação entre tais mundos, ou seja, na mediação imagética – sem reduzir-se a uma imagem – entre relações sociais: em Bogart, através de Spade, e vice-versa.

"*O ator cinematográfico típico só representa a si mesmo*", afirmou Benjamin.[128] Esse "si mesmo", entretanto, já não é mais o próprio ator: é sua *persona* cinematográfica, produto da representação coletiva ao qual está, a um só tempo, radicalmente separado por uma série de intermediários e inseparavelmente ligado pelas imagens que compartilham. Em suma, a *persona* cinematográfica – expressão das relações sociais nas quais foi elaborada – é duplo do ator.

---

[128] Id., ibid., p. 182. (grifo do autor)

20.

As cenas escolhidas que abrem cada capítulo servem de fio condutor – descritivo, narrativo, explicativo. Se as imagens são o acesso mais pertinente a um grupo social voltado completamente à cultura visual, é necessário, contudo, atravessar esse labirinto de imagens com o intuito de restituí-las às condições e experiências sociais que as possibilitaram.

Ao tratar da pintura italiana do Quatrocento, o historiador da arte Michael Baxandall explicou: a partir dos fatos sociais, desenvolvem-se habilidades e hábitos visuais particulares que são identificáveis no estilo de um pintor, ou seja, a pintura quatrocentista é um depósito de relações sociais (entre pintor e público), econômicas (entre pintor e comanditário) e culturais (entre a habilidade do pintor e a experiência visual do público) mediadas por convenções pictóricas; o movimento, portanto, é de mão dupla: se as pinturas são impensáveis afastadas da sociedade em que vieram à tona, nossa percepção da mesma sociedade é aprimorada através das pinturas.[129] Pierre Bourdieu, em breve exame do livro de Baxandall – que denomina ora de uma "sociologia da percepção artística", ora de uma "etnologia histórica"[130] –, resumiu o assunto na relação entre "um *habitus histórico* e o mundo *histórico* que o povoa, e que ele habita".[131] Tomar a dimensão pictórica – ou imagética – como posto de observação é se estabelecer na interseção estratégica de todas essas forças. Entretanto o que era, para as pessoas que frequentavam o universo social no qual se alojava a pintura quatrocentista, uma experiência prática incorporada torna-se uma reconstituição analítica fragmentada dessa mesma experiência social para o pesquisador. Nessa

---

[129] Michael Baxandall, *Painting and Experience in Fifteenth-Century Italy. A Primer in the Social History of Pictorial Style*, Oxford, Oxford University Press, 1988.

[130] Pierre Bourdieu, *As regras da arte. Gênese e estrutura do campo literário*, tr. de Maria Lucia Machado, São Paulo, Companhia das Letras, 2005, pp. 348-356.

[131] Id., ibid., p. 356, grifos do autor. Para outra leitura do livro de Baxandall, ver Clifford Geertz, "Art as a Cultural System". In: *Local Knowledge. Further Essays in Interpretive Anthropology*, Nova York, Basic Books, 2000, pp. 94-120.

imensa distância histórica reside o perigo da "semicompreensão ilusória", como diz Bourdieu; a implicação, aponta Baxandall, é a dificuldade, a impossibilidade mesmo, de reconstruir por completo uma experiência social, daí o valor do testemunho pictórico.[132] Tal desafio analítico toma forma na distância incomensurável entre, de um lado, visualizar, de outro, descrever. A descrição é sempre uma representação do que se pensa ter visto em um quadro, e por isso encerra uma demonstração de caráter ostensivo: é inseparável do próprio quadro, ou filme, sob pena de se tornar vaga.[133]

Nesse argumento há um perspicaz discernimento dos limites da representação e do conhecimento histórico. O raciocínio de Baxandall é extensível a esta investigação. Neste caso, meu desafio localiza-se na margem oposta à que se encontra Boxley, o roteirista transtornado de Fitzgerald, pois entre as duas abre-se a distância intransponível entre imagens e palavras: para Boxley, trata-se de produzir palavras que se tornarão imagens; para mim, de expressar em palavras o que vi nas imagens. Se o meu olhar e minhas palavras são onipresentes nestas linhas, eles precisam estar explícitos; faz-se necessário, portanto, considerar a geometria das distâncias implícita nessa investigação e, para tanto, é preciso fazer uma distinção.

21.

Quando, em 1934, o romance policial *O falcão maltês* foi incluído na série *Modern Library*, seu autor, Dashiell Hammett, escreveu uma breve introdução na qual relata como criou os personagens a partir de sua experiência como detetive. Por último, ao chegar em Spade, ele escreve:

> Spade não teve original. Ele é um homem de sonho no sentido de que é o que a maioria dos detetives particulares com quem trabalhei gostaria de ter

---

[132] Baxandall, *Painting and Experience in Fifteenth-Century Italy*, op. cit., pp. 152-153.
[133] Michael Baxandall, *Padrões de intenção. A explicação histórica dos quadros*, tr. de Vera Maria Pereira, São Paulo, Companhia das Letras, 2006.

sido e o que apenas alguns em seus momentos mais empertigados pensaram se aproximar. Pois o detetive particular não quer – ou não queria, dez anos atrás quando era meu colega – ser um erudito esclarecedor de charadas ao modo de Sherlock Holmes; ele quer ser um cara duro e astuto, capaz de tomar conta de si mesmo em qualquer situação, capaz de obter o melhor de qualquer um com quem entre em contato, seja criminoso, espectador inocente ou cliente.[134]

Neste excerto valioso, Spade é descrito como um modelo de masculinidade através de sua maneira de conhecer o mundo, de relacionar-se com as pessoas; em contraposição, Hammett localiza Sherlock Holmes como outro modelo de masculinidade e seu respectivo método cognitivo – ambos podem fazer uso de pistas, mas o que os caracteriza são métodos distintos: o primeiro é mundano, o segundo, cerebral. A distância que os separam é a exata distância que afasta minha perspectiva do olhar de Spade (e de Bogart), pois meu método não é outro senão o de Holmes; mais precisamente, da maneira como ele foi apropriado por Carlo Ginzburg para compor o que denominou paradigma indiciário sob a máxima detetivesca: "Se a realidade é opaca, existem zonas privilegiadas – sinais, indícios – que permitem decifrá-la"[135], um método histórico pautado em pistas infinitesimais que servem de fio condutor para uma investigação exposta em forma narrativa. Se esse é um jeito de proceder, persiste a resignação lúcida e melancólica de Baxandall sobre a impossibilidade de se atingir a completude da realidade.

---

[134] Dashiell Hammett, *Complete Novels*, notas a cargo de Steven Marcus, Nova York, The Library of America, 1999, p. 965: "*Spade had no original. He is a dream man in the sense that he is what most of the private detectives I worked with would like to have been and what quite a few of them in their cockier moments thought they approached. For your private detective does not–or did not tem years ago when he was my colleague–want to be an erudite solver of riddles in the Sherlock Holmes manner; he wants to be a hard and shifty fellow, able to take care of himself in any situation, able to get the best of anybody he comes in contact with, whether criminal, innocent by-stander, or client*".

[135] Carlo Ginzburg, "Sinais. Raízes de um paradigma indiciário". In: *Mitos, emblemas, sinais. Morfologia e história*, tr. de Federico Carotti, São Paulo, Companhia das Letras, 2002, p. 177.

O detetive compartilha enfim com o analista do produto cultural o traço mais peculiar de seu ofício: ambos só entram em contato com seus respectivos casos, na maioria das vezes, após os eventos terem ocorrido, de modo que lhes restam apenas algumas pistas. Assim, todo o esforço analítico resume-se em reconstituir o caso através dos fatos, e estes, por via das pistas. Trata-se de um método empiricista, isto é, de uma análise *a posteriori* que busca explicar as causas a partir dos efeitos, de trás para frente, como um rolo de filme ao contrário, no qual, como se sabe, o olhar não é inocente.

II
O TRIÂNGULO AMOROSO

1.

Vestido com um *tuxedo*, Rick subiu a escada que dava acesso ao amplo aposento privado no primeiro pavimento de seu bar. Acendeu a luz ao entrar e, antes que pudesse fechar a porta, deparou-se com Ilsa a espreitar a rua através de uma fresta aberta por sua mão na cortina. Ela virou-se e, do outro extremo do cômodo, encarou-o apreensiva; após fechar a porta, ele perguntou, entre alguns passos, como ela havia entrado; ela respondeu que veio pela escada que dava para a rua. Mordaz, Rick comentou ter dito que ela voltaria, mas que estava um pouco adiantada, e a convidou a se sentar. "Richard, eu precisava vê-lo", suplicou ansiosa, aproximando-se dele, que, ao ouvir seu nome, exclamou com sarcasmo, enquanto punha as mãos nos bolsos: "Estamos de volta a Paris". Ele questionou ironicamente se tal visita noturna inesperada estaria ligada aos salvo-condutos; com tais documentos, concluiu, ele nunca se sentirá só. Ela afirmou convicta que, a despeito do preço, precisava deles; fleumático, ele replicou que já havia discutido o assunto com o marido dela, e não haveria negócio. Ilsa disse saber como ele se sentia a respeito dela; rogou-lhe a pôr seus sentimentos de lado por algo mais importante. "Terei de ouvir outra vez que grande homem é seu marido, quão importante a causa pela qual ele luta?" Ela lembrou, com um esboço de sorriso, que também era a causa dele: ao seu modo, Rick lutava pela mesma coisa. "Não luto por mais nada exceto eu mesmo. Sou a única causa pela qual me interesso." Ele tirou as mãos dos bolsos, andou até uma das venezianas de madeira que faziam par com as portas envidraças de acesso à varanda e a deslocou para dentro. Aflita, ela acompanhou-o logo em seguida; chamou-o de Richard novamente e apelou ao tempo em que estavam apaixonados, mas ele não deixou que concluísse: "Não mencionaria Paris. É falta de talento para vendas". Ilsa suplicou para que a ouvisse: se soubesse o que de fato acontecera... "Eu não acreditaria. Dirá qualquer coisa para conseguir o que quer." Ele deu-lhe as costas, dirigiu-se a um móvel no centro do cômodo, abriu e fechou uma cigarreira, buscou o que procurava em outra peça próxima. Ela observou-o por um momento e depois se aproximou; disse que ele queria sentir pena de si mesmo e, não obstante tudo que estava em jogo, só pensava em seus próprios sentimentos; furiosa e lacrimosa, acusou-o de covarde e fraco. Ele encarou-a calado. Com um tremor e um gemido, Ilsa desviou os olhos; uma lágrima despencou e ela disse que sentia muito. Ela repetiu a desculpa e, passando a mão pela face úmida, recuperou um pouco a força para afirmar que ele era sua última esperança: "Se não nos ajudar, Victor Laszlo morrerá em Casablanca". "E daí?", replicou Rick, virando-se de lado; "Eu vou morrer em Casablanca. É um bom local para isso." Ilsa observou-o atônita, deu-lhe as costas e se afastou. Ele acendeu um cigarro, exalou uma baforada, iniciou uma frase, tirou o cigarro da boca, voltou-se para ela e se deteve: ela apontava-lhe um revólver e exigia os salvo-condutos. Rick disse que eles estavam bem ali, e ela, com lágrimas prestes a caírem, ordenou que os pusesse sobre a mesa; com um leve sorriso de desafio, ele se negou. Ilsa repetiu a ordem. Franzindo o semblante, ele argumentou que, se Laszlo e a causa significavam tanto para ela, nada a deteria; deu alguns passos, acomodando-se à queima-roupa, e disse que facilitaria as coisas para ela; exortou-a a disparar, pois lhe faria um favor. Ilsa abaixou o revólver e, enquanto uma lágrima descia vagarosa, confessou que tentara ficar longe, pensara que nunca o veria novamente e que ele estava fora de sua vida; suspirou, enfim, e se afastou, dando-lhe as costas outra vez. O vinco entre as sobrancelhas de Rick se suavizou; ele observou-a e deu um passo hesitante; afinal, caminhou devagar até ela e eles se abraçaram. "No dia em que você deixou Paris", começou ela, afastando a cabeça do ombro dele; completou: "se soubesse o que passei. Se soubesse o quanto te amei, o quanto ainda te amo" – e beijaram-se.

2.

No domingo, 7 de dezembro de 1941, aviões japoneses atacaram Pearl Harbor; no dia seguinte, a peça não encenada *Everybody Comes to Rick's* era submetida à análise na Warner Bros., que avaliaria a possibilidade de produzir o filme. Na quinta-feira seguinte, 11 de dezembro, o governo dos Estados Unidos declarou guerra à Alemanha nazista e seus aliados; no mesmo dia, o produtor Hal Wallis recebia o relatório encorajando a produção do filme. Quase um ano depois, em 8 de novembro de 1942, os Aliados desembarcaram no norte da África e tomaram Casablanca; algumas semanas depois, em 26 de novembro, seguindo um conselho do produtor independente David Selznick para lançar o filme imediatamente, a Warner realizava a *première* de *Casablanca* em Nova York.[1] Talvez não haja outro filme hollywoodiano tão intimamente vinculado à guerra como *Casablanca*, tanto na produção como no conteúdo. A cena descrita – interpretada por Bogart e Ingrid Bergman – serve de fio condutor a este capítulo, pois concentra de forma dramática a tensão conjuntural entre interesses individuais e constrições sociais, a relação entre proximidade e distância, o entrelaçamento da micro e macro-história – elementos decisivos ao delineamento da *persona* cinematográfica de Bogart ao longo da guerra.

---

[1] Friedrich, op. cit., pp. 140-145; Schatz, *O gênio do sistema*, op. cit., p. 318.

3.

O maior indício do sucesso imediato de *O falcão maltês* repousa, a um só tempo, em evocações propagandísticas subsequentes e novas reuniões da equipe de realizadores. No próximo filme em que Bogart trabalhou, *Balas contra a Gestapo* – no qual encarnou o líder de um grupo de apostadores que combate uma conspiração nazista em Nova York, ou seja, "uma metamorfose do filme de gângster em tempo de guerra"[2] –, o público deparou-se novamente com um ardiloso Peter Lorre, e o *trailer* prometia "Humphrey Bogart ainda maior do que em *O falcão maltês*".[3] O próprio ator explicou, enquanto descansava das filmagens, que "costumava ser um *hombre* bem durão. Porém não mais. Em meu novo filme, sou realmente refinado, estritamente classe alta".[4] Ele refere-se à sofisticação mundana de apelo popular de seu personagem, como, por exemplo, vestir-se bem, em contraste com os antigos e grosseiros gângsteres que cansara de repetir. Sua declaração era reforçada pela mensagem do *trailer*: "Quando um cara 'errado' está 'certo', ele é perfeito! É Humphrey Bogart, polindo seus velhos truques e lançando alguns novos!"[5] Trata-se de um gângster refinado em defesa patriótica contra a ameaça nazista.

No *trailer* de *O falcão maltês*, Sydney Greenstreet surgia misterioso em uma tela escura e convidava os espectadores a chegarem mais perto para ouvir a história da relíquia; na propaganda de *Garras amarelas*, ele retornou do mesmo modo para, após lembrar seu relato sobre o episódio do falcão, anunciar "um conto mais assombroso" ("*a more astonishing tale*"), a saber, em suas palavras, a missão diabólica de destruição dos japoneses, que planejavam um ataque ao Canal do Panamá simultâneo ao de Pearl

---

[2] Sperber & Lax, op. cit., p. 173: "[...] *a wartime metamorphosis of the gangster movie*".
[3] "*Humphrey Bogart even greater than in* The Maltese Falcon."
[4] "*I used to be a pretty tough* hombre. *But no more. In my new picture, I'm really refined, strictly high class.*"
[5] "*When an 'wrong' guy is 'right', he's perfect! It's Humphrey Bogart polishing off his old tricks and tossing in some new ones!*"

Harbor – e caberia a Bogart impedi-lo.[6] Acompanhavam-no Mary Astor e John Huston – que, convocado pelo exército, não concluiu o trabalho restante de direção, que coube a Vincent Sherman[7] –, compondo uma espécie de reprise de *O falcão maltês*.[8] O *trailer* de *Garras amarelas* valia-se desse traço saliente e estabelecia, aos olhos do público, uma continuidade entre os dois filmes ao lembrar "Aquele trio inesquecível de *O falcão maltês*: Humphrey Bogart faz cada momento um evento! Mary Astor faz de cada homem seu divertimento. Sydney Greenstreet: por trás de cada sorriso um convite para o desastre!".[9] Entretanto, a ambiguidade – elemento central do filme analisado no capítulo anterior – é resolvida de forma inequívoca em *Garras amarelas*: em seu início, Rick Leland, personagem de Bogart, é condenado por um julgamento simulado pela corte marcial apenas para torná-lo renegado aos olhos do inimigo (e do público) e, assim, cumprir com eficácia sua missão, isto é, derrotar os japoneses e surpreender os espectadores. Com a guerra, não poderia haver hesitação ou ambiguidade na relação do protagonista com os deveres patrióticos que lhe eram exigidos. O apelo é nítido e idealista: se houvesse alguém como Leland – um herói – em Pearl Harbor, a ofensiva nipônica teria fracassado, como ocorreu de modo fictício no Panamá.[10]

---

[6] Na verdade, os japoneses de *Garras amarelas* eram, em sua maioria, senão na totalidade, chineses: após Pearl Harbor, os Estados Unidos, pautando-se em uma justificativa que associava ameaça inimiga e etnia, confinaram um grande número de japoneses em campos de concentração (Sperber & Lax, op. cit., p. 186). Ver também Friedrich, op. cit., pp. 118-125.

[7] Sperber & Lax, op. cit., pp. 185-186.

[8] Sklar, *City Boys*, op. cit., p. 135.

[9] "*That unforgettable trio from* The Maltese Falcon: *Humphrey Bogart makes every moment an event! Mary Astor makes every man her plaything. Sydney Greenstreet: behind every smile an invitation to disaster!*"

[10] Sperber & Lax, op. cit., p. 184: "Neste ponto da guerra, as vitórias americanas ocorriam, em sua maioria, na tela, e as proezas de Bogart permitiam as audiências descarregar as frustrações do ano passado, quando derrotas empilhavam-se sobre derrotas e as perdas humanas em Pearl Harbor, Corregidor e Bataan ainda estavam frescas na mente do público" ("*At this point in the war, American victories were mostly on the screen, and Bogart's exploits allowed audiences to vent the frustrations of the past*

Hollywood (e a Warner, em particular) participou do esforço de guerra de forma explícita. Nas adequações cinematográficas à conjuntura bélica, esboça-se uma relação peculiar entre Hollywood, campo relativamente autônomo de produção cultural, e o governo norte-americano, espaço do poder: se este, ao exigir colaboração no esforço de guerra, exercia domínio político sobre aquele, ele não determinava a forma específica que os filmes assumiriam. Em uma palavra, Hollywood transformou seus produtos para adequá-los a uma demanda externa que advinha do governo, mas o ultrapassava, por consistir em um conflito de proporções globais: daí as variações empreendidas na *persona* de Bogart, oriundas da lógica estrutural de produção hollywoodiana, que mediava a relação entre as constrições externas ao campo e a prática cinematográfica. Antes de examinar a guinada decisiva na *persona* do ator empreendida em *Casablanca*, é necessário descrever o estado do campo cinematográfico hollywoodiano no início da guerra, o que permite, em grande medida, traçar com acuidade seu grau de autonomia diante do campo do poder.

4.

O estado do campo cinematográfico hollywoodiano durante a Segunda Guerra pode ser descrito como o intervalo entre, de um lado, os últimos resquícios da Depressão, de outro, os eventos do pós-guerra que transformaram de forma implacável a estrutura da indústria. De modo esquemático, tal intervalo se caracterizou como o apogeu que precedeu a derrocada do sistema de estúdios. Para compreendê-lo em sua complexidade, é necessário enfrentar a dialética do fora e do dentro – como falou Fernand Braudel acerca da grandeza renascentista italiana[11] –, pois foi nesses termos que tal processo histórico tomou forma.

---

year, when defeat piled upon defeat and the human losses at Pearl Harbor, Corregidor, and Bataan were still fresh in the public mind").

[11] Fernand Braudel, *O modelo italiano*, tr. de Vera Maria Pereira, São Paulo, Companhia das Letras, 2007, pp. 20-23.

Começo com as forças externas a Hollywood, em particular com os ataques empreendidos pelo congresso norte-americano à indústria cinematográfica, na passagem da década de 1930 para a de 1940, que incluíam acusações de formação de truste, de intervencionismo a favor da guerra (ainda restrita à Europa) e de atividades antiamericanas.[12] A campanha antitruste dispunha, por um lado, o Departamento de Justiça, por outro, os maiores estúdios e seus esforços de mais de duas décadas para dominar o mercado cinematográfico através de uma estrutura que controlava todas as etapas de produção e distribuição, foco de preocupação do governo, única autoridade capaz de regular tal atividade de escala nacional.[13] A disputa antitruste obrigaria os estúdios a se desfazerem de suas salas exibidoras, desfecho judicial decidido apenas no final dos anos 1940;[14] durante a guerra, "o controle de Hollywood sobre cada fase da indústria era agora considerado um recurso chave, e os filmes, uma fonte ideal de diversão, informação e propaganda tanto para cidadãos como para soldados".[15] Entre os isolacionistas, destacaram-se os senadores Burton K. Wheeler e Gerald P. Nye, que acusaram Hollywood de ser uma "máquina de propaganda" sob controle de uma conspiração judaica;[16] entre os sentinelas que vigiavam as posturas antiamericanas, sobressaiu-se o congressista Martin Dies, que acusou 43 funcionários hollywoodianos – inclusive Bogart – de terem laços com o Partido Comunista.[17] Em meados de 1940, com a

---

[12] Schatz, *Boom and Bust*, op. cit., pp. 13-14.

[13] Id., ibid., pp. 14-15. Os maiores estúdios, em termos recursos, lançamentos e lucros, eram: MGM, Paramount, 20th Century-Fox, Warner, RKO, Universal, Columbia e United Artists. As cinco primeiras destacavam-se por serem integradas, isto é, não apenas produziam filmes, mas também possuíam cadeias de salas de cinema por todo o país (id., ibid., pp. 47-57).

[14] Id., ibid., p. 4.

[15] Id., ibid., p. 2: "*Hollywood's control over every phase of the industry was now deemed a key asset, and the movies an ideal source of diversion, information, and propaganda for citizens and soldiers alike*".

[16] Id., ibid., pp. 38-40.

[17] Id., ibid., p. 34.

queda da França e a Batalha da Inglaterra e, um ano mais tarde, com a invasão da União Soviética pela Alemanha nazista – elegendo a primeira como potencial aliada dos Estados Unidos –, tais paranoias conspiratórias e reacionárias perderam força.

De acordo com o *Wall Street Journal*, em outubro de 1939, de 30% a 35% da receita hollywoodiana provinha dos mercados de além-mar, perdidos, um após o outro, com a guerra.[18] Tal situação desequilibrava a estrutura econômica da indústria e aumentava a importância do mercado doméstico, privilegiado com o plano de defesa empreendido pelo governo a partir de 1940 – construção de novas fábricas, reorganização dos horários de trabalho, migração de trabalhadores às cidades, recrutamento e novos acampamentos militares[19] –, uma vez que tal plano "estava centrado em áreas urbano-industriais onde Hollywood fazia a maior parte de seus negócios".[20] O público cinematográfico, por sua vez, crescia rapidamente, pois, por um lado, a economia de guerra aumentou o poder aquisitivo dos norte-americanos, por outro, "racionamentos e desabastecimentos generalizados limitavam as opções de como gastar dinheiro. Desse modo, o cinema representava uma forma ideal de recreação e diversão".[21] Nesse mesmo período, o público se deparou com uma série de filmes – da qual o mais notório é *...E o vento levou*, responsável "por mais da metade do

---

[18] Id., ibid., pp. 22-23.

[19] Id., ibid., p. 28.

[20] Id., ibid., "[...] *was centred in the urban-industrial areas where Hollywood did most of its business*".

[21] Schatz, *O gênio do sistema*, op. cit., p. 304. "Em 1940, a indústria cinematográfica mediu sua audiência "potencial" (incluindo espectadores "frequentes" e "ocasionais") em 90-100 milhões de uma população total de um pouco mais de 130 milhões" (Schatz, *Boom and Bust*, p. 27: "*In 1940, the movie industry gauged its 'potential' audience (comprising 'frequent' and 'occasional' moviegoers) at 90-100 million out of a total population of just over 130 million*"). Nesse mesmo ano, o trânsito semanal total nos cinemas americanos era de 80 milhões de pessoas; em 1946, ele atingiu o ápice, com 90 milhões (U. S. Bureau of the Census, *Historical Statistics of the United States*, 1960, pp. 242-244 citado in id., ibid., p. 462).

lucro líquido de Hollywood em 1940"²² – cujas produções ambiciosas eram incomparáveis até mesmo com os de maior prestígio. Essa série correspondia a um certo número de produtores independentes (David Selznick, Walt Disney, Charlie Chaplin) e indicava que, apesar do controle de produção industrial ainda estar nas mãos dos estúdios, era possível fazer filmes com maior autonomia.²³ A busca por autonomia envolvia também a luta das corporações (de atores e atrizes, diretores e escritores) por reconhecimento, já que, até a Depressão, não havia uma organização trabalhista solidamente estabelecida em Hollywood.²⁴

Assim, da perspectiva hollywoodiana, advinham, oriundas do campo do poder, acusações de intervencionismo a favor da guerra e de antiamericanismo e um processo antitruste contra o cerne da estrutura de produção cinematográfica; no além-mar, a guerra subtraía os valiosos mercados hollywoodianos, aumentando a importância do mercado doméstico, cujo público crescia devido, em grande medida, à economia de guerra; enfim, no próprio seio do campo cinematográfico, os trabalhadores lutavam por maior autonomia diante dos estúdios. Todas essas ameaças cessaram com a participação decisiva de Hollywood no esforço de guerra; elas retornaram logo após o término do conflito e, em conjunto com outras, assinalaram o ocaso do sistema de estúdios.²⁵

Com a entrada oficial dos Estados Unidos na guerra, em dezembro de 1941, o apoio de Hollywood era comandado pelo Office of War Information (OWI – Serviço de Informação de Guerra), que exercia tanta influência sobre

---

[22] Id., ibid., p. 12: "[...] *that single picture accounted for over one-half of Hollywood's net profits in 1940*".

[23] Id., ibid., pp. 11-13.

[24] Id., ibid., p. 32.

[25] Os eventos do pós-guerra que contribuíram para o ocaso do sistema de estúdios podem ser divididos em dois tipos: de um lado, os domésticos, que incluíam a migração para os subúrbios (longe dos cinemas do centro), o "*baby boom*", a televisão comercial e outras mudanças nos padrões de consumo; de outro, os de além-mar, cujos mercados fechavam-se a Hollywood devido à Guerra Fria e às medidas protecionistas dos governos europeus (id., ibid., pp. 3-4).

o conteúdo dos filmes, durante o período de guerra, quanto a PCA. Logo após Pearl Harbor, o OWI exigiu que Hollywood se concentrasse em seis assuntos: o inimigo, os aliados, as Forças Armadas, a frente de combate, a vida dos civis durante a guerra e o serviço de aprovisionamento militar. Os estúdios aderiram prontamente.[26]

Nessa conjuntura, o índice de autonomia do campo cinematográfico era mínimo em relação ao campo do poder. Ao tomar como objetivo a explicação histórica de um objeto cultural, explicou Baxandall, "nossa tarefa nada mais é que organizar as relações entre uma série de *circunstâncias* heterogêneas e uma forma *complexa* no processo de concepção de um projeto".[27] Trata-se, no caso em questão, de descrever a transformação de uma forma singular (a *persona* de Bogart) por meio da relação triangular entre um objeto (*Casablanca*), uma tarefa (contribuir para o esforço de guerra) e um conjunto de possibilidades históricas específicas.[28] Ao longo da produção industrial característica do sistema de estúdios, sujeita a uma série de elementos incontroláveis, a parte que coube a Bogart – sua performance – foi mínima e, no entanto, decisiva, pois concentrou em sua corporalidade a resultante das relações de força invisíveis aos olhos da câmera e do público. O Bogart que surge na tela, nesse ponto de sua carreira, é mais do que apenas a performance de Bogart como ator: trata-se de sua *persona* cinematográfica, seu duplo, síntese dialética entre a estrutura hollywoodiana e a conjuntura externa a tal campo de produção.

---

[26] Schatz, *O gênio do sistema*, op. cit., p. 303. É preciso lembrar que, em contraste com a Segunda Guerra, a Primeira foi particularmente benéfica para Hollywood, pois, naqueles primeiros anos de organização da prática cinematográfica, a concorrência alemã, italiana, sueca e francesa era vultuosa; com o conflito, o cinema desses países foi desestruturado, dando espaço para o estabelecimento do domínio hollywoodiano, daí o crítico de cinema Frank Nugent, do *The New York Times*, observar, em setembro de 1939: "Hollywood era um filhote da guerra" (citado por Schatz, *Boom and Bust*, op. cit., p. 22: "*Hollywood was a war baby*").

[27] Baxandall, *Padrões de intenção*, op. cit., p. 66, grifos do autor.

[28] Id., ibid., pp. 68-69.

5.

No verão de 1938, Murray Burnett, professor em uma escola de Nova York, acompanhado da esposa, passou as férias na Europa: em Viena, eles testemunharam o horror diante da invasão nazista; no sul da França, chocaram-se com o que descreveram como indiferença política e visitaram uma casa noturna que forneceu a ideia para uma peça teatral.[29] De volta à América, Burnett e a amiga Joan Allison escreveram, a quatro mãos, *Everybody Comes to Rick's*, cujo título se referia tanto ao espaço do drama (a prestigiada casa noturna de Rick) como à posição do protagonista, obrigado a tomar uma decisão crucial – a um só tempo, pessoal e política – da qual ninguém, naquele momento, poderia se subtrair.[30]

Dias depois da ofensiva a Pearl Harbor, a Warner – entre os cinco maiores estúdios hollywoodianos, o mais adaptado à produção industrial durante os anos 1930[31] – adquiriu a peça de Burnett e Allison. Durante a guerra, o estúdio executou ajustes radicais em seu sistema: abandonou a fabricação de filmes B e concentrou-se no mercado de primeira linha através de unidades de produção, isto é, transferiu a supervisão da responsabilidade de um produtor central para as mãos de alguns, que se reportavam àquele e controlavam cerca de oito filmes por ano.[32] Com efeito, "enquanto a produção efetiva permanecia centralizada no estúdio-fábrica e caía sob o controle último da hierarquia executiva, o sistema de unidade claramente acarretava uma dispersão de autoridade administrativa e controle criativo nas fileiras de produtores".[33] Tal estratégia justificava-se pelo ataque antitruste então em curso, que fazia objeção à venda de pacotes de filmes

---

[29] Sperber & Lax, op. cit., p. 182.
[30] Id., ibid.
[31] Schatz, *O gênio do sistema*, op. cit., p. 306.
[32] Schatz, *Boom and Bust*, op. cit., pp. 44-46.
[33] Id., ibid., p. 44: "*While actual production remained centralized in the studio-factory and fell under the ultimate control of the executive hierarchy, the unit system clearly entailed a dispersal of administrative authority and creative control into the producer ranks*".

– um (ou alguns) de prestígio entre vários de segunda linha – para as salas de cinema, e teve como resultado o corte de metade do volume de filmes produzidos.[34] Ao mesmo tempo, novas leis tributárias de 1941 impunham um pesado ônus aos salários hollywoodianos, encorajando o trabalho *free-lance* – por vezes com participação nos lucros – e a abertura de companhias próprias de produção.[35] Assim, em fevereiro de 1942, Hal Wallis, antigo executivo de produção da casa, assinou um novo contrato que o tornava produtor de unidade na Warner: ele produziria quatro filmes por ano, com liberdade para selecionar o projeto e a equipe, e ainda teria uma porcentagem dos lucros, além de crédito na tela.[36] Ele escolheu *Everybody Comes to Rick's* como seu primeiro filme no novo cargo e Bogart para interpretar o protagonista.[37]

Entretanto, *Everybody Comes to Rick's* não poderia ser filmado imediatamente, pois possuía uma série de elementos inaceitáveis para a PCA, entre os quais o principal era o caráter libertino da protagonista, Lois Meredith, cujo "caso anterior com Rick em Paris acabara com o casamento dele, e ela chega a Casablanca, no início da história, como a amante, não a esposa, de um famoso líder da resistência, Victor Laszlo".[38] O processo de transformar a peça no roteiro de *Casablanca* contou com o esforço sucessivo de vários roteiristas, sem que todos recebessem crédito pelo trabalho: Aeneas Mackenzie e Wally Kline "enriqueceram a história de amor" dos protagonistas e extraíram "os elementos censuráveis", em particular aqueles vinculados à Lois; Casey Robinson, "especialista da casa em melodramas românticos",

---

[34] Id., ibid., p. 178. Em 1941, os oito maiores estúdios hollywoodianos lançaram 379 filmes; em 1946, 252. Entre esses anos, a Columbia diminuiu seus lançamentos de 61 para 51; a MGM, de 47 para 25; a Paramount, de 45 para 22; a RKO, de 44 para 40; a 20th Century Fox, de 50 para 32; a United Artists, de 26 para 20; a Universal, de 58 para 42; e a Warner, de 48 para 20 (*Film Daily Year Book* citado in id., ibid., p. 463).

[35] Schatz, *O gênio do sistema*, op. cit., p. 306.

[36] Sperber & Lax, op. cit., p. 186; Schatz, *O gênio do sistema*, op. cit., pp. 318-319.

[37] Sperber & Lax, op. cit., p. 187.

[38] Schatz, *O gênio do sistema*, op. cit., p. 321.

"transformou Lois, a americana libidinosa, em Ilsa, uma jovem europeia cuja família havia sido destruída pelos nazistas e cuja fidelidade a Laszlo e à 'causa' motiva a traição a Rick Blaine e, ao mesmo tempo, a justifica perante ele".[39] Aos gêmeos Philip e Julius Epstein couberam as reformulações do diálogo da peça e do corrupto chefe de polícia de Casablanca.[40] Finalmente, o ativista liberal Howard Koch substituiu Rick, o advogado expatriado fugindo de um escândalo, por Rick, o idealista magoado e com um passado antifascista escondido.[41] Contudo, as estruturas narrativas da peça e do filme, de um modo geral, mantiveram-se as mesmas.[42]

6.

Conforme o trabalho avançava, optou-se por uma atriz europeia para o papel de Ilsa; Wallis escolheu a sueca Ingrid Bergman, sob contrato com David Selznick.[43] Ao se tomar a trajetória hollywoodiana de Bergman e, em particular, o imenso esforço realizado pela Warner para destituir Ilsa de qualquer traço maculável de adultério, emerge de modo incisivo a lógica da crença do campo cinematográfico, uma vez que, em fins da década de 1940, Bergman, grávida do diretor Roberto Rossellini, expoente do neorrealismo italiano, divorciou-se do marido, Peter Lindstrom, e por isso foi banida de Hollywood.[44] O desencantamento dos moralistas, choque

---

[39] Id., ibid., pp. 320-321.

[40] Id., ibid., p. 321.

[41] Sperber & Lax, op. cit., p. 189: "*Koch changed Rick from an expatriate lawyer on the run from a scandal to a bruised idealist with a hidden anti-fascist past* [...]".

[42] Id., ibid., pp. 189-190; Aljean Harmetz, *The Making of Casablanca. Bogart, Bergman, and World War II*, Nova York, Hyperion, 2002, pp. 38-39.

[43] Schatz, *O gênio do sistema*, op. cit., p. 320.

[44] Id., ibid., pp. 394-401. Ela retornou em *Anastasia*, de 1956. Os defensores do código de censura "suprimem a alusão ao encontro de Ingrid Bergman e Humphrey Bogart em um bordel parisiense em *Casablanca*, assim como aquela dos vistos franceses entregues às damas contra certos favores, o leito desfeito em uma cena, e transformam o estatuto da heroína (de casada, torna-se viúva)" (Douin, op. cit., p. 165: "[...]

imenso que alimentou a imprensa sensacionalista, só é compreensível na medida em que se tem em vista a imagem contemporânea da *persona* da atriz, que "fazia fronteira com o virginal":[45] sua atitude herética – não calculada deliberadamente como tal – tornou inverossímil o efeito de crença do campo cinematográfico, que sustenta a ilusão de que o artista é sua *persona*, e escancarou, assim, a descontinuidade inerente entre eles.

O próprio Bogart oferece uma pista inequívoca de tal lógica inscrita no campo de produção hollywoodiano: um pouco depois do término das filmagens de *Casablanca*, ele comentou a inverossimilhança de seu final, pautado no fato de que "a senhorita Bergman não é o tipo de dama que um homem abriria mão voluntariamente, mesmo em consonância com uma grande quantidade de filosofia altamente expressiva".[46] De modo inverso, a escolha de Bergman como heroína de *Casablanca*, além de reforçar as mudanças moralistas executadas no roteiro, impunha mais restrições de mesmo cunho, uma vez que, a despeito das exigências da PCA, o público cinematográfico de 1942 jamais aceitaria traços censuráveis na atriz sueca,[47] não apenas por ferir a moral, mas justamente por ser Bergman. A *persona* cinematográfica, ao mesmo tempo em que estabelecia uma posição social para o artista em Hollywood, tornava-o refém de tal posição. A própria *persona* do intérprete estabelecido dominava-o simbolicamente por meio da semelhança icônica, sob a qual se encerrava a condição de alteridade: aquele que, fora das telas, parecia ser o mesmo, era outro.

---

suppriment l'allusion à la rencontre d'Ingrid Bergman et d'Humphrey Bogart dans un bordel parisien dans Casablanca, *ainsi que celle des visas français délivrés aux dames contre certaines faveurs, le lit défait dans une scène, et transforment le statut de l'héroïne (de mariée, elle devient veuve)"*).

[45] A lembrança que o público tinha de Bergman remetia a "uma freira sorridente" em *Os sinos de Santa Maria*, de 1945, e *Joana d'Arc*, de 1948 (Friedrich, op. cit., p. 397).
[46] Sperber & Lax, op. cit., p. 211: "'*Miss Bergman is the kind of lady no man would give up willingly, even to the tune of a lot of high sounding philosophy*'". Bogart fala "senhorita", apesar de Bergman estar casada com Lindstrom desde 1937.
[47] Sperber & Lax, op. cit., pp. 191-192.

7.

Na rota de fuga da Europa em guerra, Casablanca, no Marrocos francês, era a porta de saída, onde os refugiados deveriam apresentar vistos de trânsito. Com dois alemães assassinados e seus respectivos vistos roubados, a polícia francesa colaboracionista espera capturar o criminoso na casa noturna local – aonde se acorre para realizar todas as espécies de negócio –, cujo proprietário, Rick Blaine, é um cínico expatriado norte-americano que "não arrisca o pescoço por ninguém". Ele carrega uma dolorosa frustração amorosa por Ilsa Lund, que chega em Casablanca acompanhada do marido, Victor Laszlo, líder da resistência, exatamente na noite em que o assassino dos alemães é capturado – não sem antes deixar os vistos com o amargo Rick, que se vê diante da possibilidade de partir com Ilsa, que também o ama, ou garantir a fuga dela com o marido. Ele escolhe afinal a segunda opção.

Se um outro final para *Casablanca* parece hoje impensável, durante as filmagens a unidade de produção comandada por Wallis não se mostrou tão convicta. Em 25 de maio de 1942, as filmagens começaram sem um roteiro concluído nem um elenco completo definido.[48] Entre a conclusão conhecida do público atual, chamada pelo roteirista Howard Koch de "o final sacrificial", e o desfecho romântico convencional, no qual Ilsa ficaria com Rick, a inclinação geral apontava para a primeira, mesmo porque a PCA impediria Ilsa de trocar o marido pelo ex-amante; em contrapartida, era preciso encontrar uma justificativa para Ilsa abandonar o homem que amava e uma direção convincente para Rick.[49] Tal indefinição marcou a produção do filme e, décadas mais tarde, Bergman qualificou a situação de "ridícula" e "horrível": "Todos os dias filmávamos de improviso. Todo dia nos entregavam diálogos e tentávamos pôr algum sentido naquilo. Ninguém sabia o rumo do

---

[48] Id., ibid., pp. 196-197.
[49] Harmetz, op. cit., p. 229.

filme".⁵⁰ Ao enfrentar um tema contemporâneo urgente, a transição geopolítica dos Estados Unidos do isolacionismo ao intervencionismo, a indecisão quanto ao final do filme deixava o flanco ainda mais aberto para que a conjuntura macro-histórica interferisse na micro-história de sua produção.

Dos 75 atores e atrizes de *Casablanca*, quase todos eram expatriados europeus, entre os quais apenas três imigraram movidos pela possibilidade de uma carreira financeiramente mais atraente: Bergman, o inglês Claude Rains (o corrupto chefe de polícia) e seu conterrâneo Sydney Greenstreet (o oportunista concorrente de Rick). O restante deles buscou refúgio da situação que degringolava na Europa; nem todos eram judeus, porém foram perseguidos de uma forma ou de outra. Alguns poucos, como o austríaco Paul Henreid (Laszlo), o alemão Conradt Veidt (o major nazista) e o húngaro Peter Lorre (o ladrão dos vistos), garantiram a posição em Hollywood pelo renome estabelecido em seus países de origem; a maioria nunca ultrapassou a condição de extra: a judia Lotte Palfi, que barganha seus diamantes na casa noturna de Rick, era uma atriz de teatro aspirante na Alemanha até o início das perseguições raciais; o francês Marcel Dalio participara de *A grande ilusão* e *A regra do jogo* antes de se tornar o crupiê de Rick; o alemão Curt Bois, que bate carteiras em Casablanca, fora considerado um ator prodígio durante sua infância e encontrara o sucesso nos palcos alemães e em Viena. Tamanha concentração de estrangeiros em um só filme indica, na verdade, a presença em Hollywood de um número ainda maior de artistas refugiados: Igor Stravinski, Bertolt Brecht, Fritz Lang, entre muitos outros.⁵¹ O drama de Rick se expressava através de uma alegoria que traduzia, da perspectiva hollywoodiana, uma crise geopolítica incontornável, explícita na presença maciça de refugiados em *Casablanca*.

---

⁵⁰ Friedrich, op. cit., p. 144.
⁵¹ Harmetz, op. cit., pp. 210-214.

8.

Até aqui, tratei das condições históricas, internas e externas a Hollywood, que franquearam a produção de *Casablanca*; ainda é preciso explicar como exatamente tal conjuntura interferiu no código cinematográfico. Dessa forma, é possível medir com acuidade, nos termos de Pierre Bourdieu, o índice de refração dos poderes temporais (as exigências governamentais vinculadas à guerra) no campo cinematográfico, isto é, sua autonomia.[52] Em uma palavra, ela era mínima: a retradução hollywoodiana do esforço de guerra resultou em nada menos do que uma mudança, ainda que intermitente, no paradigma narrativo.

Em um sentido mais geral, *Casablanca* assinalou a conversão do período de guerra do paradigma narrativo clássico de Hollywood. [...] As duas qualidades mais fundamentais da narrativa hollywoodiana, pode-se argumentar, eram (e permanecem) o protagonista orientado para um objetivo individual e a formação do casal. Durante a guerra, entretanto, essas duas qualidades foram radicalmente ajustadas: o indivíduo tinha que se submeter à vontade e atividade do coletivo (a unidade de combate, a comunidade, a nação, a família); e a formação do casal estava suspensa até o fim do conflito, subordinada à especificidade de gênero dos esforços de guerra que envolviam esferas de atividade muito diferentes (e concepções de comportamento heroico) para homens e mulheres.[53]

---

[52] Bourdieu, *As regras da arte*, op. cit., pp. 249-251.

[53] Schatz, *Boom and Bust*, op. cit., p. 204: "*In a more general sense, Casablanca signaled the wartime conversion of Hollywood's classical narrative paradigm.* [...] *The two most fundamental qualities of Hollywood narrative, one might argue, were (and remain) the individual goal-oriented protagonist and the formation of the couple. During the war, however, these two qualities were radically adjusted: the individual had to yield to the will and activity of the collective (the combat unit, the community, the nation, the family); and coupling was suspended 'for the duration,' subordinated to gender-specific war efforts that involved very different spheres of activity (and conceptions of heroic behavior) for men and women*". Durante um curso ("Cinema, memória e história: formas de representação audiovisual", ministrado, com Eduardo Morettin, na Escola de Comunicação e Artes da Universidade de São Paulo, no segundo semestre de 2008), Ismail Xavier indicou a peculiaridade normativa do casal em questão: heterossexual e branco.

Para Bogart, tal conversão narrativa mostrou-se decisiva, pois o eixo de *Casablanca* não era outro senão a conversão do próprio protagonista. Na descrição que abre este capítulo, isso é particularmente nítido na postura fleumática de Rick diante do apelo apaixonado de Ilsa, cuja apreensão cresce da ansiedade ao desespero: suas palavras parecem, sucessivamente, chocar-se contra uma indiferença intransponível. Quando o esforço parece se mostrar absolutamente inútil, ela confessa seus próprios sentimentos e o arrasta consigo em sua desolação; rompido seu fleumatismo, sua vulnerabilidade é exposta: Rick não é outro tipo de homem senão o amargo ressentido que sofre pelo amor de uma bela mulher. Assim como em *O falcão maltês*, no exato momento em que o personagem de Bogart parece estar no controle da situação, esta se inverte e o traço marcante de sua *persona* é revelado: a mediação dramática entre indiferença e vulnerabilidade. O traço característico de *Casablanca* repousa na dimensão geopolítica que o personagem de Bogart encerra:

> No começo, o Rick Blaine de Bogart é, em grande medida, o herói durão da Warner: cínico e autoconfiante, resmungando repetidamente "Não arrisco meu pescoço por ninguém". Porém, no curso da história, redescobre sua própria autoestima, junto com seu amor por uma mulher e pelo país. O final heroico de Rick – enviando Ilsa com Laszlo, matando o oficial nazista, e deixando Casablanca para se unir à França Livre – cristalizou a conversão norte-americana da neutralidade ao sacrifício altruísta.[54]

Dessa forma, a *persona* de Bogart sedimentou-se no âmbito cinematográfico; resta saber quais foram as implicações para o ator.

---

[54] Schatz, *Boom and Bust*, op. cit., pp. 203-204: "*Early on, Bogart's Rick Blaine is very much the hard-boiled Warners hero: cynical and self-reliant, repeatedly muttering, 'I stick my neck out for nobody.' But in the course of the story, he rediscovers his own self-worth, along with his love of woman and country. Rick's final heroics–sending Ilsa away with Laszlo, killing the Nazi officer, and leaving Casablanca to join the Free French–crystallized the American conversion from neutrality to selfless sacrifice*".

9.

O sucesso de um filme hollywoodiano pode ser medido no esforço de uma produção subsequente em retomar sua estrutura narrativa.[55] Assim, em *Passagem para Marselha*, Bogart interpretou um jornalista francês liberal que, às vésperas da Segunda Guerra, é perseguido e condenado à ilha do Diabo, porém escapa e retorna à Europa para lutar; ele troca o interesse individual pela mulher e, sobretudo, pelo filho que nunca viu em benefício do dever. Além do elenco familiar (Claude Rains, Sydney Greenstreet, Peter Lorre) sob a direção de Curtiz e a produção de Wallis, o próprio *trailer* de *Passagem para Marselha* faz referência a *Casablanca*: "No último ano, a Warner Bros. eletrificou o mundo com *Casablanca*. Este ano, a Warner Bros. anuncia *Passagem para Marselha*".[56] O valor de *Casablanca*, em particular, é apontado inequivocamente pelo órgão máximo de reconhecimento da indústria cinematográfica, a Academia, que entregou Oscars de direção, filme e roteiro, e nominou cinematografia, edição, música, ator coadjuvante (Rains) e protagonista: Bogart, sua primeira indicação depois de treze anos e 46 filmes.

Em janeiro de 1942, meses antes de começarem as filmagens de *Casablanca*, Bogart renegociou seu contrato com a Warner, apesar de ainda faltarem dois anos para que o antigo vencesse, sinal da solidez de sua posição.[57] Ao estúdio não cabia mais o direito de, findado certo intervalo de tempo, decidir por uma renovação ou descartá-lo: o novo acordo tinha validade ininterrupta de sete anos, garantia a Bogart, pela primeira vez, um mês de férias e aumentava seu salário semanal de 1.850 para 2.750 dólares.[58] Um dos poucos privilégios ao qual ele não tinha acesso era a

---

[55] *Casablanca* foi a sexta maior bilheteria de 1943, arrecadando 4,15 milhões de dólares ("All-Time Film Rental Champs", *Variety*, nº 24, fevereiro de 1992, pp. 125-168 citado por Schatz, *Boom and Bust*, op. cit., p. 466).

[56] "*Last year Warner Bros. electrified the world with* Casablanca. *This year Warner Bros. announce* Passage to Marseille".

[57] Sperber & Lax, op. cit., p. 192.

[58] Id., ibid., pp. 192-193.

aprovação de roteiro; poucos artistas o tinham: apenas as maiores estrelas que souberam negociá-lo, e "Bogart era uma estrela, mas ainda não uma grande".[59] Quatro dias antes do início da produção de *Casablanca*, uma exibição prévia de *Garras amarelas*, em Washington, convenceu Jack Warner de que Bogart era uma de suas maiores estrelas, o equivalente de Clark Gable – protagonista de ...*E o vento levou* sob contrato com a MGM – no estúdio.[60] A indicação ao Oscar de melhor ator, em 1944, confirmou a análise da Warner por meio do reconhecimento artístico de Bogart. Em Hollywood, na maior parte dos casos, valores artísticos e econômicos se atrelavam: em 1943, devido a *Casablanca*, o nome de Bogart surgia entre as dez maiores estrelas de maior bilheteria do ano.[61]

10.

Em 10 de fevereiro de 1945, o *Saturday Evening Post* publicou um artigo que se iniciava com a seguinte declaração:

> Na noite de 6 de novembro de 1944, exerci o privilégio concedido pela Constituição dos Estados Unidos e garantido pela Declaração de Direitos. Exprimi minha escolha para a presidência. Bem alto no rádio, disse esperar que F. D. R. [Franklin Delano Roosevelt] fosse eleito.[62]

O autor era Bogart, que emendou, fazendo referência ao mote de Rick em *Casablanca*: "Assim fazendo, parece, arrisquei meu pescoço".[63] Assim como houvera uma reação favorável à explicitação de seu posicionamento

---

[59] Id., ibid., p. 193: "[...] *Bogart was a star but not yet a major one*".
[60] Id., ibid., p. 193.
[61] *Motion Picture Herald* citado por Schatz, *Boom and Bust*, op. cit., p. 469.
[62] Humphrey Bogart, "I Stuck My Neck Out", *Saturday Evening Post*, nº 19, 10 de fevereiro de 1945, p. 87, Duchovnay, op. cit., pp. 90-91: "*On the evening of November 6, 1944, I exercised the privilege granted me by the Constitution of the United States and guaranteed by the Bill of Rights. I voiced my choice for the presidency. Right out loud and over the radio, I said I hoped F.D.R. would be elected*".
[63] Id., ibid., p. 91: "*In doing so, it seems, I stuck my neck out*".

político, afirmou o ator, também se manifestara uma incisiva oposição, o que o levou à comparação de que "Eles [seus opositores] têm me desmontado mais violentamente do que os roteiristas quando eu interpretava gângsteres".[64] De modo que, ao longo do artigo – o qual se considera ter sido genuinamente escrito por Bogart, ao contrário de outro, de 1941, em que critica a censura cinematográfica[65] –, faz-se a defesa dos direitos de cidadania ao artista hollywoodiano.

A figura que se delineia nesse artigo, de acordo com seu autor, é a do artista hollywoodiano como cidadão; ela não corresponde à sua *persona* cinematográfica. Seriam elas separáveis? A possibilidade de Bogart agir no âmbito da propaganda política em sentido estrito (a conversão intervencionista de Rick em *Casablanca* é a representação cinematográfica de um ato não menos político) advém justamente do fato de ele ser uma imagem da cultura popular. Isso não significa que o artista e sua *persona* sejam a mesma coisa; apesar de haver uma contribuição decisiva do trabalho do artista para a elaboração de sua *persona*, esta é, no limite, um produto coletivo do processo industrial de Hollywood. A relação entre o artista e a *persona* que se forma na tela ao longo de vários personagens é a de alteridade, que, por meio do efeito de crença do campo cinematográfico, oculta-se na sobreposição do artista pela *persona*. A eficácia de tal mecanismo consiste em fazer *persona* e ator compartilharem, por meio da performance, o mesmo substrato, isto é, o próprio corpo do intérprete.

Quando, no verão de 1940, o congressista Martin Dies – que "certa vez tentou provar que [a atriz mirim] Shirley Temple era comunista"[66] –, no âmbito de uma investigação de atividades antiamericanas em Hollywood, interrogou Bogart e outros artistas, o ator já possuía, havia quatro anos,

---

[64] Id., ibid.: "*They've taken me apart more violently than the filmscript writers did when I was playing gangster roles*".

[65] Duchovnay, op. cit., pp. 87-88. Humphrey Bogart, "Censorship", *Hollywood Reporter*, 31 de outubro de 1941, Duchovnay, op. cit., pp. 88-90.

[66] Sperber & Lax, op. cit., p. 131: "[...] *once tried to prove Shirley Temple a Communist* [...]".

uma ficha secreta no FBI, que, "em um informe secreto sobre influência comunista no Screen Actors Guild [sindicato de atores e atrizes], havia – sem base – listado Bogart como um dos 21 membros 'com forte inclinação ao Partido Comunista'. Era o primeiro registro do que se tornaria um arquivo do FBI com várias centenas de páginas".[67] Uma vez que pautara o inquérito em uma testemunha que se revelou apócrifa, Dies exonerou publicamente alguns dos acusados, entre os quais Bogart, que negou as acusações.[68] De fato, não há evidência de que ele tenha nutrido simpatia pelo comunismo; compreende-se o incidente ao ter em vista que, nesse período de paranoia política nos Estados Unidos, qualquer visão liberal soava como antiamericana para sentinelas reacionárias como Dies. Data desse episódio a conversão política de Bogart, da neutralidade ao ativismo: seis semanas depois, ele se juntou à campanha pela reeleição de Roosevelt.[69] Seguiram-se outras intervenções: em novembro de 1943, ele iniciou um trajeto de dez semanas pela África Ocidental, Norte da África (inclusive Casablanca) e Itália para entreter as tropas norte-americanas;[70] em 1944, apoiou a quarta campanha de Roosevelt, como declarado no excerto já citado;[71] em 1947, integrou o Comitê pela Primeira Emenda – que incluía também John Huston, Katharine Hepburn e Frank Sinatra, entre outros – em uma missão a Washington de protesto contra a retomada das investigações anticomunistas em Hollywood e sua convocação de dezenove testemunhas;[72] enfim, nas eleições presidenciais de 1952, apoiou o democrata Adlai Stevenson contra o republicano Dwight Eisenhower.[73]

---

[67] Id., ibid., p. 130: "[...] *in a secret report on Communist influence on the Screen Actors Guild, had – without basis – listed Bogart as being one of twenty-one members 'with strong CP leanings.' It was the first entry into what would become an FBI file of several hundred pages*".

[68] Schatz, *Boom and Bust*, op. cit., p. 34; Sklar, *City Boys*, op. cit., pp. 104-108.

[69] Sperber & Lax, op. cit., p. 134.

[70] Id., ibid., pp. 226-233.

[71] Id., ibid., pp. 279-282.

[72] Id., ibid., pp. 354-388; Friedrich, op. cit., pp. 302-305.

[73] Sperber & Lax, op. cit., pp. 466-469.

Desse ponto de vista, a conversão política de Rick em *Casablanca* foi precedida, em alguns anos, pela de Bogart. O interesse da principal biógrafa de Bogart, Ann M. Sperber – que faleceu antes de completar o trabalho, assumido por Eric Lax –, residia na discrepância entre a visão política liberal do ator e o solitário apolítico que ele tantas vezes interpretou.[74] Nessa observação sagaz emerge a alteridade entre o ator e sua *persona*.

11.

"Amiúde, tem-se dito que *Casablanca* toma questões políticas, públicas, e resolve-as em um plano individual, pessoal", constatou o historiador Robert Sklar; não apenas, defende, mas também o contrário: "toma questões pessoais e as vincula com [questões] políticas".[75] Como exatamente configura-se a relação entre esses elementos? Ao se examinar o trajeto de Rick do isolacionismo ao intervencionismo, falou-se em "conversão" e "sacrifício".[76] Vale a pena considerar o sentido literal de tais termos.

O intérprete de Laszlo, Paul Henreid, "se queixava de que nenhum líder da Resistência desfilaria na Casablanca de Vichy de terno branco".[77] Não se pode analisar *Casablanca* na chave do realismo, sob pena de condená-lo por completo à inverossimilhança; faz mais sentido tratá-lo como uma alegoria política cuja narrativa melodramática assume a forma sacrificial.[78]

---

[74] Eric Lax, "A Note to the Reader", Sperber & Lax, op. cit., p. vii.

[75] Sklar, *City Boys*, op. cit., p. 141: "*It has often been said about* Casablanca *that it takes public, political issues and resolves them on a personal, individual plane. As indisputable as this perspective is, it is possible to argue that the film also does the opposite: it takes personal issues and links them to the political*".

[76] Cf. Schatz, *Boom and Bust*, loc. cit., pp. 203-204; Sklar, *City Boys*, op. cit., pp. 141-142; Schatz, *O gênio do sistema*, op. cit., p. 323.

[77] Friedrich, op. cit., p. 144.

[78] Isso não significa que realismo e melodrama são, necessariamente, termos excludentes: cf. Xavier, *O olhar e a cena*, op. cit., pp. 85-86. O próprio Xavier já assinalou a urdidura entre alegoria, melodrama e narrativa cristã na formação do cinema hollywoodiano: cf. id., ibid., pp. 101-125.

A função de Laszlo não é outra senão a de uma divindade política, um ideal heroico encarnado: puríssimo diante da corrupção do chefe de polícia, do cinismo de Rick, da indecisão de Ilsa; inabalável até mesmo ao compreender que Ilsa e Rick se amam; sua contrapartida é o major nazista, que faz as vezes do mal absoluto. Na intercalação de personagens ambíguos entre símbolos figurados inequívocos, reconhece-se o gênero melodramático, que, "por tradição, abriga e ao mesmo tempo simplifica as questões em pauta na sociedade, trabalhando a experiência dos injustiçados em termos de uma diatribe moral dirigida aos homens de má vontade"[79] – no caso, Rick em pessoa. Ao operar a troca que assinala sua conversão política, Rick revela a pedagogia moral que é a razão de ser da narrativa melodramática:[80] ele abre mão de seu interesse pessoal (o amor de Ilsa) pela defesa da causa da qual esteve apartado, a luta pela liberdade representada por Laszlo; por meio desse intercâmbio – mediado assim por Ilsa –, ele recupera o significado de sua vida.

Esse mecanismo corresponde à descrição do sacrifício empreendida por Henri Hubert e Marcel Mauss: *"ato religioso que mediante a consagração de uma vítima modifica o estado da pessoa moral que o efetua ou de certos objetos pelos quais ela se interessa"*.[81] Trata-se em particular de um sacrifício pessoal, pois a "personalidade do sacrificante" – aquele "que recolhe os benefícios" da operação "ou se submete a seus efeitos"[82], isto é, Rick, representação cinematográfica de uma pessoa moral – "é diretamente afetada".[83] Por meio do ato de abnegação do protagonista, lembrava-se ao público cinematográfico a presença das forças coletivas que a conjuntura histórica impunha. Se, por um lado, deve-se fazer a ressalva de

---

[79] Id., ibid., p. 93.

[80] Peter Brooks, *The Melodramatic Imagination. Balzac, Henry James, and the Mode of Excess*, Nova York, Columbia University Press, 1985, p. 5.

[81] Henri Hubert & Marcel Mauss, *Sobre o sacrifício*, tr. de Paulo Neves, São Paulo, Cosac Naify, 2005, p. 19, grifos dos autores.

[82] Id., ibid., p. 16.

[83] Id., ibid., p. 19.

que Hubert e Mauss examinaram fontes religiosas em sentido estrito,[84] por outro é preciso sublinhar que tinham em mente fenômenos de outra ordem que se mostravam afins ao tema sacrificial, como o "sacrifício pela pátria" que Mauss cita em uma longa carta a Émile Durkheim.[85] Sob o triângulo amoroso, vislumbra-se o triângulo sacrificial: entre o primeiro (Rick-Ilsa-Laszlo) e o segundo (sacrificante-vítima-deus), há uma relação de isomorfismo mediada pela força social do compromisso moral; no entanto, enquanto este é propriamente religioso, aquele é inerentemente político.

12.

A formidável tensão entre os domínios político e religioso, tão relevante em *Casablanca*, faz parte de um fenômeno mais amplo, no espaço e no tempo. Ginzburg mostrou como Jacques-Louis David, ao retratar o assassinato de Marat – no momento crítico dos primeiros anos da república francesa vitoriosa sobre a monarquia de direito divino –, combinou elementos clássicos e cristãos, isto é, delineou sua própria legitimidade política através da invasão da esfera do sagrado, monopolizada, até então, pela religião.[86] Tal invasão "seguiu adiante e, sob formas contraditórias, prossegue ainda hoje", afirmou o historiador; ele completa: "É a outra face da secularização: um fenômeno nascido na Europa e que depois se expandiu pelo mundo, mas que está bem longe de ter vencido a própria batalha. Quando pode, o poder secular se apropria da aura (que é tam-

---

[84] Id., ibid., p. 109. As fontes agrupam-se em dois conjuntos: documentos do ritual védico (vedas, bramanas e sutras) e documentos do ritual bíblico (o Pentateuco) (id., ibid., pp. 111-112, nota 9).

[85] "Carta de Marcel Mauss a Émile Durkheim, s. d. [1898]", citado por Marcel Fournier, *Marcel Mauss*, Paris, Fayard, 1994, p. 162.

[86] C. Ginzburg, "David, Marat. Arte, política, religião", tr. de Samuel Titan Jr., *Serrote*, nº 1, 2009, pp. 194-213. Jacques-Louis David, *A morte de Marat*, 1793, óleo sobre tela, 162 x 128 cm, Musées Royaux des Beaux-Arts, Bruxelas.

bém uma arma) da religião".[87] Continuidade e ruptura combinam-se na íntima relação histórica entre secularização e cristianismo, do qual aquela "retomou, mimeticamente, a tendência a se apropriar dos conteúdos e das formas mais variados".[88]

Não é fortuita a relação que se verifica entre o sacrifício patriótico de Rick, a produção de *Casablanca*, a trajetória de Bogart e o processo histórico mais amplo do nacionalismo. Na tese de Benedict Anderson, o nacionalismo é visto como um artefato cultural no qual a nação é concebida como uma comunidade política imaginada, isto é, uma fraternidade soberana localizada no interior de um território delimitado, e cujos membros estão impedidos de se conhecerem todos devido à ordem numérica elevada, daí a necessidade de instrumentos que permitam imaginar a nação.[89] Tal fraternidade é que tornou possível, explica Anderson, "nestes dois últimos séculos, tantos milhões de pessoas tenham-se não tanto a matar, mas sobretudo a morrer por essas criações imaginárias limitadas".[90]

> Essas mortes nos colocam bruscamente diante do problema central posto pelo nacionalismo: o que faz com que as parcas criações imaginativas da história recente (pouco mais de dois séculos) gerem sacrifícios tão descomunais? Creio que encontraremos os primeiros contornos de uma resposta nas raízes culturais do nacionalismo.[91]

Anderson parte do túmulo do Soldado Desconhecido – o símbolo mais impressionante "da cultura moderna do nacionalismo",[92] que expressa sua preocupação com a morte e a imortalidade – para indicar que tais raízes se localizam no século XVIII, entre a alvorada do secularismo racionalista e o

---

[87] Id., ibid., p. 213.

[88] Id., ibid.

[89] Benedict Anderson, *Comunidades imaginadas. Reflexões sobre a origem e a difusão do nacionalismo*, tr. de Denise Bottman, São Paulo, Companhia das Letras, 2008, pp. 31-34.

[90] Id., ibid., p. 34.

[91] Id., ibid.

[92] Id., ibid., p. 35.

enfraquecimento do monopólio exercido pela crença religiosa, momento em que a ideia de nação, que encerrava, a um só tempo, um "passado imemorial" e um "futuro ilimitado", proporcionou "uma transformação secular de fatalidade em continuidade, da contingência em significado".[93] Não se pode pensar o nacionalismo, defende ele, separado dos dois sistemas culturais de onde (e contra os quais) provém: a comunidade religiosa e o reino dinástico.[94] Tampouco pode-se perder de vista os dois fenômenos setecentistas que floresciam, enquanto aqueles entravam em crise: o romance e o jornal (ou "capitalismo impresso"), mecanismos de representação da simultaneidade em um "tempo vazio e homogêneo", medido pelo relógio e pelo calendário, que, de um lado, opunha-se à temporalidade cristã e dinástica que fazia convergir cosmologia e história, de outro, permitia representar a comunidade imaginada, a nação.[95]

Somente ao se ter em vista a popularidade absoluta do cinema nas quatro primeiras décadas do século XX é que se pode ter alguma ideia da força desse tipo de olhar para a nação norte-americana.[96] Nesse momento, Hollywood detinha uma imensa capacidade de representar a nação, poder exercido pelo capitalismo impresso na fase inicial do processo histórico do nacionalismo descrita por Anderson. *Casablanca* fornece

---

[93] Id., ibid., p. 38, 35-38.
[94] Id., ibid., p. 39.
[95] Id., ibid., pp. 51-70.
[96] Com a seguinte convicção é que Robert Sklar abre seu livro sobre a história cultural do cinema norte-americano: "Durante a primeira metade do século XX – de 1896 a 1946, para ser exato –, os filmes eram o meio cultural mais popular e influente nos Estados Unidos. Eles eram a primeira mídia de massa moderna, e emergiram do fundo à superfície da consciência cultural, recebendo o principal apoio das mais baixas e mais invisíveis classes da sociedade norte-americana" (*Movie-Made America. A Cultural History of American Movies*, edição revista e ampliada, Nova York, Vintage, 1994, p. 3: "*For the first half of the twentieth century – from 1896 to 1946, to be exact – movies were the most popular and influential medium of culture in the United States. They were the first of the modern mass media, and they rose to the surface of cultural consciousness from the bottom up, receiving their principal support from the lowest and most invisible classes in American society*").

um exemplo inequívoco. Após fechar seu estabelecimento, na noite do reencontro inesperado com Ilsa, Rick questiona seu amigo pianista: "Sam, se é dezembro de 1941 em Casablanca, que horas são em Nova York? Aposto que estão dormindo em Nova York. Aposto que estão dormindo por toda América".[97] Robert Sklar explica:

> Tais falas não se referem às diferenças de fusos horários. Rick está projetando seu próprio torpor político – agora que o reconheceu e começou a despertar dele – sobre sua própria cidade natal, sua nação inteira. Espectadores em 1942 e 1943 podiam, por sua vez, projetar suas próprias memórias de dezembro de 1941, seus próprios reconhecimentos da realidade da guerra e dos sacrifícios potenciais que ela acarretava, de volta sobre o personagem cinematográfico.[98]

13.

Em um texto que se tornou célebre, Max Weber assinala o fenômeno de massa do "sentimento de comunidade" criado pela "fraternidade da guerra":

> A guerra promove [...] uma comunhão incondicionalmente dedicada e pronta ao sacrifício, entre os combatentes, e libera uma compaixão de massa ativa e um amor pelos que estão sofrendo necessidades. [...] a guerra traz ao guerreiro algo que, em seu significado concreto, é excepcional: faz que êle [*sic*] experimente um significado consagrado da morte, característico apenas da morte na guerra. [...] A morte no campo de batalha difere dessa morte simplesmente inevitável pelo fato de que na guerra, e *sòmente* [*sic*] na guerra, o indivíduo pode *acreditar* que sabe estar morrendo "por" alguma coisa.[99]

---

[97] Sklar, *City Boys*, op. cit., p. 141: "*Sam, if it's December 1941 in Casablanca, what time is it in New York? I bet they're asleep in New York. I bet they're asleep all over America*".

[98] Id., ibid., pp. 141-142: "*These lines do not refer to differences in time zones. Rick is projecting his own political torpor – now that he has recognized and begun to awaken from it – onto his own home city, his entire nation. Spectators in 1942 and 1943 could in turn project their own memories of December 1941, their own acknowledgment of the reality of war and the potential sacrifices it entailed, back onto the screen character*".

[99] Max Weber, "Rejeições religiosas do mundo e suas direções", *Ensaios de sociologia*, ed. de H. H. Gerth e C. Wright Mills, tr. de Waltensir Dutra, Rio de Janeiro, Zahar Editores, 1971, p. 384, grifos do autor.

Nesse sentido, é notável a frase que abre o texto de contracapa da edição brasileira de *Comunidades imaginadas*: "Por que sentimos uma emoção quase religiosa diante do túmulo do Soldado Desconhecido?". Atenção ao advérbio "quase": por meio de tal símbolo patriótico do nacionalismo – que representa, em sua anonímia, todos aqueles que morreram pela nação –, opera-se a soberania do domínio político através da apropriação de uma forma religiosa sacrificial, de modo que a estreita proximidade entre os domínios político e religioso não se converta em sobreposição. A Segunda Guerra Mundial, evento violento das relações de força externas à nação norte-americana, foi capaz, de forma correspondente, de reorganizar as relações de força internas no sentido de tomar uma posição diante da conjuntura externa; nesse percurso, ela delineou na prática uma experiência de âmbito nacional. A mediação entre os espaços interno e externo foi realizada pelo soldado e, rigorosamente, por todos aqueles que assumiram uma postura de combate; daí o profundo sentido nacional que a conversão e o sacrifício de Rick encerram: eles transformaram o paradigma narrativo hollywoodiano, compartilhado por um público de milhões de pessoas, por meio da urgência do ato político com a força da forma religiosa.

III
A CAIXA DE FÓSFOROS

1.

Com a mão esquerda no bolso da calça, Marlowe abriu a porta da antessala de seu escritório e se deparou com Vivian, que o aguardava sentada; ela trajava saia, casaco esporte e um pequeno chapéu munido de véu, carregava uma bolsa e um par de luvas. Um pouco surpreso, ele a ouviu cumprimentá-lo e, em seguida, perguntou como ela estava. "Melhor do que ontem à noite." Sob seu olhar atento, ele emitiu um ruído, sacou a chave do escritório do bolso direito da calça e, antes de metê-la na fechadura, convidou sua visitante para dentro. Ela levantou-se e, ao atravessar a porta que ele lhe abria, comentou que seu telefone não atendia na noite passada; enquanto fechava a porta, dava alguns passos e pendurava o chapéu, ele explicou que desconectara o aparelho, pois estava cansado e precisava dormir. Acomodada à beira da secretária, ela disse que estava preocupada e queria saber o que ocorrera após sua partida. "Preocupada ou curiosa?", questionou ele, aproximando-se. "Ambas", declarou sem hesitar; completou: "Então li os jornais matutinos". Marlowe explicou que tiveram sorte e agiram no sentido de deixar os Sternwood fora do caso. Ela e seu pai, informou, ficaram muito satisfeitos; o pai esperava que ele não tivesse se envolvido demais. Marlowe indagou se Vivian dissera ao pai que ela também estivera no local; ela replicou que não haveria nenhuma vantagem em fazê-lo. Ele anuiu e perguntou se havia algum motivo especial para ela procurá-lo; ela afirmou que sim e, enquanto mexia na bolsa, declarou que o pai pedira para lhe entregar um cheque e que considerava o caso encerrado. Nesse momento, já com o cheque na mão, uma exclamação de Marlowe a deteve; ela pediu que ele confirmasse o encerramento do caso; ele respondeu com uma afirmativa, na medida em que Geiger estava envolvido. Satisfeita, ela concluiu, então, que o caso estava completamente encerrado e estendeu o cheque dobrado, presumindo que o valor fosse satisfatório. Marlowe abriu-o e exclamou: "Quinhentos! Muito mais do que eu esperava, mas bem-vindo da mesma maneira". Em seguida, guardou-o no bolso do paletó e dirigiu-se ao arquivo atrás da secretária; Vivian acompanhou seu movimento levantando-se e girando o corpo. Do arquivo, extraiu um envelope cujo conteúdo discriminou ao estendê-lo: as três notas promissórias e o cartão de Geiger; quanto ao restante das fotografias, ele mesmo o destruiria, caso ela não se incomodasse. Vivian agradeceu e observou que, algum dia, seu pai também gostaria de agradecê-lo pessoalmente. Empertigado e com as mãos nas costas, Marlowe afirmou que seria ótimo visitá-lo e tomar mais de seu *brandy*: talvez ele falasse mais a respeito de Shawn Regan. Ao ouvir o nome enquanto guardava o envelope na bolsa, Vivian deteve-se por alguns instantes e ameaçou uma réplica; afinal, observou que seu *brandy* era tão bom quanto o do pai e convidou Marlowe a tomá-lo com ela, caso deixasse de ser um detetive por tempo suficiente. Ele disse que apreciaria, pois gostava de *brandy*. Vivian acrescentou que possuía bastante da bebida, deu-lhe as costas e foi embora. Com a mão direita sobre o cinto, Marlowe observou-a partir; subiu a mão até a orelha, cujo lóbulo apalpava enquanto se colocava atrás da secretária e refletia. "Completamente encerrado", murmurou consigo mesmo e tomou o telefone para solicitar uma chamada de longa distância.

2.

Trata-se de uma cena de *À beira do abismo* interpretada por Bogart e Lauren Bacall. Não é uma cena qualquer: ela foi vista apenas por uma reduzidíssima parcela do público – que "reagira com indiferença" à prévia do filme no verão de 1945[1] –, e depois substituída na versão final lançada no outono de 1946. Uma vez que *À beira do abismo* foi filmado entre 10 de outubro de 1944 e 12 de janeiro de 1945, e estava pronto para ser lançado a partir de março, um intervalo de um ano e meio se interpôs entre o término da produção e o lançamento. Dois motivos justificam tal intervalo, explica Robert Gitt, filmotecário da Universidade da Califórnia: primeiro, a Warner estava preocupada em lançar e concluir todos os filmes que tratavam da guerra que terminava; segundo, em janeiro de 1945, a estreia de *Uma aventura na Martinica* foi um sucesso devido, em grande medida, à relação entre os personagens de Bacall e Bogart.[2] Desse modo, e também devido ao resultado da prévia, a Warner postergou o lançamento de *À beira do abismo*, submetido a reformulações. Nesse meio-tempo, Bacall recebeu críticas devastadoras pela performance em seu segundo filme em Hollywood – *Quando os destinos se cruzam*, projeto de prestígio que se tornou um desastre –, em contraste com o entusiasmo declarado pelo primeiro, *Uma aventura na Martinica*.[3]

Em 16 de novembro de 1945, o agente Charles K. Feldman, que, em parceria com o diretor Howard Hawks, levara Bacall a Hollywood, escreveu a Jack Warner. Ele começou sua carta lembrando alguns fatos: as refilmagens que Warner autorizara em *À beira do abismo*, ainda durante sua produção; seu pedido para refazer a cena do véu (descrita acima), que, não obstante, permanecera na montagem final; sua sugestão a Hawks

---

[1] Schatz, *O gênio do sistema*, op. cit., p. 426.
[2] Robert Gitt (Preservation Officer, UCLA Film & Television Archive) in *The Big Sleep: 1945/1946 Comparisons*.
[3] Sperber & Lax, op. cit., pp. 318-322.

para dar maior visibilidade a Bacall; ele justificou: "Fiz tudo isso porque senti que Bacall tinha apenas um 'pedaço' no filme".[4] Ele continua:

> [...] insisto (e esse é o motivo desta carta) para que você veja o filme outra vez com o seguinte em mente:
>
> 1. Fazer quaisquer retomadas fotográficas necessárias e, certamente, refazer a cena do véu.
>
> 2. Dar à garota ao menos três ou quatro cenas adicionais com Bogart da natureza insolente e provocativa que ela teve em *Uma aventura na Martinica*. Veja, Jack, em *Uma aventura na Martinica*, Bacall era mais insolente que Bogart, e tal insolência enalteceu-a tanto na mente do público como da crítica quando o filme apareceu. Era algo impressionante e novo. Se isso puder ser retomado através dessas cenas adicionais com Bacall e Bogart, o que penso, francamente, ser uma tarefa muito fácil, sinto que a garota lhe sairá magnífica.[5]

A carta possui um caráter persuasivo, cujo esforço é indicar a Warner o rendimento das sugestões, que giram, em sua maior parte, em torno de Bacall, e de sua relação, na tela, com Bogart. Após o sucesso de Bacall em *Uma aventura na Martinica*, a companhia independente de Hawks e Feldman – H-F Productions, fundada em 1943 – vendera seu contrato para a Warner, estúdio que produzia *À beira do abismo*, investimento comum a ambas as empresas.[6] Compreende-se o interesse de Feldman:

---

[4] *The Big Sleep: 1945/1946 Comparisons*: "*All of the foregoing I did because I felt that Bacall only had a 'bit' in the picture*".

[5] *The Big Sleep: 1945/1946 Comparisons*: "*[...] I urge you (and that is the reason for this letter) to view the film again with the following in mind:*
1. Make whatever photographic retakes are necessary and by all means re-do the veil scene.
2. Give the girl at least three or four additional scenes with Bogart of the insolent and provocative nature that she had in To Have and Have Not. *You see, Jack, in* To Have and Have Not *Bacall was more insolent than Bogart and this very insolence endeared her in both the public's and the critic's mind when the picture appeared. It was something startling and new. If this could be recaptured through these additional scenes with Bacall and Bogart, which frankly I think is a very easy task, I feel that the girl will come through for you magnificently*".

[6] Schatz, *O gênio do sistema*, op. cit., pp. 424-425.

apesar de não deter mais o contrato de Bacall, o sucesso desta era o sucesso do filme.

O apelo foi, enfim, aceito por Warner e a refilmagem parcial, realizada em janeiro de 1946 – com a exigência, por parte de Bacall e Bogart, de que Hawks a dirigisse. Assim a cena do véu, entre várias outras, foi substituída pela conversa "insolente e provocativa" entre Vivian e Marlowe em um restaurante. Mas de que insolência falou Feldman exatamente?

3.

"Alguém tem fogo?" A voz rouca feminina invadiu o quarto com a densidade incisiva da indagação direta, pronunciada de forma suave, mas atrevida. Steve acabara de entrar em seu quarto metido em calças jeans, camisa, lenço no pescoço, o boné de capitão despretensiosamente disposto sobre a cabeça, o casaco em mãos; acompanhava-o o gerente do hotel em que vivia, que insistentemente solicitava-lhe um favor. Ele deixara a porta escancarada e retirava um molho de chaves de uma bolsa sobre a peça abaixo da janela coberta por uma persiana; quando se voltou, veio a pergunta insidiosa, e lá estava ela, vestida em um tailleur quadriculado e encostada no batente, o braço esquerdo – onde se pendurava uma bolsa e cuja mão segurava uma boina preta – cruzado sob o direito, que se erguia em direção ao cigarro recém pendurado na boca, a mão aguardando uma resposta. Ela era elegantemente magra; seus cabelos dourados e lisos devidamente penteados da esquerda para a direita precipitavam-se em curvas que ultrapassavam os ombros. Apesar da figura do gerente, que permanecia imóvel assistindo a uma cena da qual não fazia parte, seu olhar, lançado com o queixo próximo ao peito, dirigia-se completamente para o residente do quarto. Sem dizer uma palavra à desconhecida, Steve colocou com tranquilidade o molho de chaves sobre a secretária, da qual abriu uma gaveta e retirou uma caixa de fósforos, que arremessou à invasora; em seguida, ele ajeitou as calças e, repousando as mãos na cintura, enquanto ela pegava um fósforo da caixa, tomou sua medida de cima a baixo, com o olhar absorto e a boca semiaberta – esboço distante de um sorriso que ainda não nasceu – de quem foi arrebatado. Já com o fósforo aceso, mas ainda antes de levá-lo ao cigarro, ela voltou-lhe o olhar insolente sem virar a cabeça, levemente de lado, como a sublinhar o iminente ato fatal. Uma vez aceso o cigarro, ela dirigiu-lhe o olhar novamente; atirou o fósforo queimado sobre o ombro e, após dar uma tragada, pegou o cigarro com a mão direita enquanto se virava para Steve. "Obrigada", disse, já se retirando do quarto, movimento que realizou exalando um pouco de fumaça e arremessando de volta a caixa de fósforos.

4.

Com efeito, essa não é apenas a primeira cena de Bacall em *Uma aventura na Martinica*, mas sua primeira cena no cinema, quando contava 19 anos. Marie "Slim" Browning, sua personagem, era uma típica mulher dos filmes de Hawks, nos quais sempre

> havia um romance incomum [...], envolvendo um homem autoconfiante, resolutamente independente, e uma mulher espirituosa, agressiva, que invade seu espaço, seu grupo exclusivamente masculino e acaba por conquistar o respeito e o afeto do herói.[7]

A eficaz invasão de Bacall não se limitou ao cinema e à carreira de Bogart, delineando o último elemento que, da perspectiva da tradição narrativa hollywoodiana, faltava à sua *persona*, isto é, o par romântico; ela incluiu também sua vida pessoal. Não é possível compreender esses dois filmes – *Uma aventura na Martinica* e *À beira do abismo* –, tão importantes para a elaboração da *persona* do ator, sem levar em conta o romance entre Bacall e Bogart, que resultou em casamento e o tirou de um longo relacionamento destrutivo.

---

[7] Id., ibid., p. 425.

5.

Em março de 1943, a capa da revista de moda *Harper's Bazaar* exibia, em primeiro plano, sua modelo; atrás desta, que ocupava a metade direita da fotografia, um vidro fosco – sob a inscrição de doação de sangue à Cruz Vermelha norte-americana (adequação aos tempos de guerra) – esboçava a silhueta anônima de uma enfermeira com o braço esquerdo flexionado. De toda a composição, o traço mais singular era o olhar da modelo: mais que simplesmente posar, ela enfrentava a câmera fotográfica.

Trata-se da primeira capa de Lauren Bacall, então aspirante à carreira teatral em sua nativa Nova York. Em sua autobiografia, ela relatou que já trabalhara antes como modelo para ganhar algum dinheiro até se estabelecer na Broadway;[8] através de um amigo, foi apresentada ao editor da *Harper's Bazaar*, que a encaminhou à Diana Vreeland, editora de moda da revista, na qual, a partir de fins de 1942, trabalhou em uma série de ensaios fotográficos, cujo ápice foi a capa de março do ano seguinte.[9] Tal exposição trouxe desdobramentos imprevisíveis para a jovem: as fotografias chamaram a atenção de Nancy Gross – modelo e esposa vinte anos mais nova de Hawks –, o que resultou em uma proposta de Feldman para que Bacall fosse a Hollywood fazer alguns testes.[10] Ela recebera ainda o assédio dos produtores independentes David Selznick e Howard Hughes, além da proposta da Columbia para fazer uma ponta em um filme de Rita Hayworth, porém aceitou a oferta de Hawks e Feldman, que julgou mais promissora.[11] O cinema não era exatamente a carreira que desejava; todavia, diante das circunstâncias, ele apresentava-se como uma oportunidade imperdível. Ela nascera Betty Perske em

---

[8] Lauren Bacall, *Bacall fenomenal*, tr. de Luiz Horácio da Matta, São Paulo, Círculo do Livro, s/d, pp. 42-50.

[9] Id., ibid., pp. 92-100. A *Harper's Bazaar* publicou fotos de Bacall em todas as edições de janeiro a maio de 1943 (Duchovnay, op. cit., p. 41, nota 67).

[10] Friedrich, op. cit., pp. 242-243.

[11] Bacall, op. cit., pp. 100-103.

1924, única filha de um casamento que, em meia década, terminou em divórcio; quando tinha 8 anos, o pai sumiu, e ela foi criada pela mãe e a família materna, os Weinstein-Bacal, judeus imigrantes da Romênia.[12] Quanto às ambições teatrais, ela fizera até então apenas uma peça como figurante.[13] Oriunda da classe média trabalhadora de Nova York e com uma experiência teatral inexpressiva, ela assinou, em maio de 1943, depois de alguns testes, um contrato de exclusividade com Hawks, que lhe pagaria cem dólares semanais.[14]

Seguiu-se um processo de reeducação corporal, a começar pela voz, que desagradava Hawks por ser "alta e fanhosa";[15] ele a instruiu a procurar "um lugar para treinar a manter a voz baixa, rouca".[16] Depois, um tratamento na imagem de Bacall, a cargo de Nancy Gross, resultou na emulação da segunda pela primeira, de modo que "as duas tornaram-se quase intercambiáveis".[17] Em seu esforço para se adequar às técnicas corporais das heroínas dos filmes de Hawks, Bacall apropriou-se da corporalidade de sua própria mulher. Como ocorre em toda apropriação, o trabalho de Bacall implicou em criação, implícita em cada mínimo gesto de sua interpretação; no entanto, a autoria de sua performance é associada, em particular, com seu modo característico de olhar. Em 29 de fevereiro de 1944, o primeiro dia de filmagem de *Uma aventura na Martinica* e também de sua carreira cinematográfica, a jovem atriz tremia, nervosa demais para realizar a cena da caixa de fósforos; em certo momento, conta ela, "dei-me conta de que um modo de evitar que minha cabeça tremesse era mantê-la baixa, com o queixo perto do

---

[12] Id., ibid., pp. 14-16.
[13] Trata-se do musical *Johnny 2x4*, que realizou 65 espetáculos entre 16 de março e 9 de maio de 1942 (www.IBDb.com, verbete "*Johnny 2x4*").
[14] Sperber & Lax, op. cit., p. 244.
[15] Friedrich, op. cit., p. 243.
[16] Id., ibid.
[17] Sperber & Lax, op. cit., p. 246.

peito, os olhos erguidos para fitar Bogart".[18] Eram os primeiros passos para forjar o traço marcante de sua performance, designado "O olhar", que, não obstante, já se esboçava na capa da *Harper's Bazaar*.

6.

Em meados de abril de 1943, enquanto concluía as filmagens de *Saara*, aventura de guerra ambientada no Norte da África, Bogart recebeu o roteiro de seu próximo filme, a ser realizado antes de *Passagem para Marselha*, reprise de *Casablanca*: tratava-se de um drama conjugal, no qual o marido, apaixonado pela cunhada, assassina a esposa logo após o quinto aniversário de casamento.[19] Sem o direito contratual para escolher seus roteiros, Bogart negou-se a fazê-lo, foi suspenso pelo estúdio e se rendeu em junho; o filme todavia só foi lançado em 1945.[20] Seu título, *Conflitos d'alma*, é eloquente da relação entre Bogart e a Warner: apesar de seu reconhecido estatuto de estrela na indústria cinematográfica, ele não lograra ainda um contrato que conferisse maior autonomia à sua posição, cujos flancos permaneciam vulneráveis aos ditames do estúdio. O ator justificou sua recusa pela mediocridade do roteiro;[21] não obstante, o tema da violenta crise conjugal interpelava Bogart pessoalmente, uma vez que caracterizava seu próprio casamento, prestes a completar cinco anos.

Até então, Bogart casara-se três vezes. A primeira, em 1926, com a colega de teatro Helen Menken, cuja carreira começara aos 6 anos de idade; naquele momento, ela ocupava uma posição estabelecida na Broadway, em contraste com o novato Bogart.[22] Há indícios de que ele não estava inclinado a desposá-la, mas o fez por temer uma subsequente represália

---

[18] Bacall, op. cit., p. 133.
[19] Sklar, *City Boys*, op. cit., p. 150; Sperber & Lax, op. cit., p. 215.
[20] Sklar, *City Boys*, op. cit., pp. 151-152.
[21] Id., ibid., p. 151; Duchovnay, op. cit., p. 279.
[22] Sperber & Lax, op. cit., pp. 33-34.

profissional, dado o capital social de Menken.[23] Devido em grande medida às escolhas divergentes nas carreiras teatrais dos cônjuges – que, ora o levou a Chicago, ora a conduziu a Londres –, rompeu-se o matrimônio após dezoito meses.[24] Já o segundo casamento, contraído em 1928 com Mary Philips, outra colega teatral, durou quase dez anos.[25] Mais uma vez, escolhas profissionais que implicavam distâncias geográficas comprometeram o relacionamento: ela sedimentava uma posição na Broadway, ele franqueava o acesso a Hollywood.[26] Apesar da distância, esse segundo casamento mostrou certa resistência: deve-se lembrar, como exposto no primeiro capítulo, que as incursões hollywoodianas de Bogart começaram em 1928, mas somente em fins de 1935 ele assinou o contrato com a Warner, o que implicava fixar residência em Hollywood; a relação ainda se sustentou – ao menos no âmbito legal – por mais um ano, até a decisão de divórcio em janeiro de 1937.[27] Em agosto do ano seguinte, Bogart e Mary Philips se casaram pela terceira vez: esta, com Kenneth MacKenna, velho amigo de ambos que tentara desposá-la antes de Bogart; este, com Mayo Methot.[28]

A terceira esposa de Bogart chegou a Hollywood através do trânsito de artistas oriundo da Broadway, na passagem para a década de 1930, testemunha da transição para o cinema falado.[29] Mayo Methot e Bogart se encontraram em 1936, no jantar anual do Screen Actors Guild (sindicato de atores e atrizes), e deram início a um relacionamento; ambos eram casados: ele, com Mary Philips, ela, com Percy T. Morgan, proprietário

---

[23] Id., ibid., p. 36: "'Se você não se casar com essa garota', [o amigo Bill] Brady respondeu, 'jamais conseguirá outro trabalho na Broadway, Humphrey'" ("*'If you don't marry that gal,' Brady responded, 'you'll never get another part on Broadway, Humphrey'*").

[24] Id., ibid., pp. 36-37; Duchovnay, op. cit., p. 277.

[25] Duchovnay, op. cit., pp. 278-279.

[26] Sperber & Lax, op. cit., pp. 62-63.

[27] Duchovnay, op. cit., p. 279.

[28] Sperber & Lax, op. cit., pp. 38, 89-90.

[29] Id., ibid., p. 71.

de um restaurante famoso em Los Angeles.[30] A despeito do sucesso que obtivera no palco, a carreira cinematográfica de Mayo Methot, naquele momento, estagnava-se em personagens coadjuvantes, situação que a dispunha em uma posição próxima ao recém-chegado Bogart; a diferença era de temporalidade: enquanto ela estava em Hollywood havia seis anos, ele ainda dispunha de todos os investimentos a serem feitos.[31] Conforme a carreira dela chegava a um beco sem saída e a dele mostrava-se estável, produziu-se uma série de incidentes alimentados pelo consumo crescente de álcool da parte de ambos. Na cerimônia de casamento, uma briga monumental resultou na fuga do noivo, acompanhado de seu padrinho, até Tijuana, México;[32] no ano seguinte, no trem publicitário da Warner que levou um grupo de celebridades e autoridades para a estreia do novo filme de Errol Flynn em Kansas City, uma crise de ciúmes levou Mayo a atacar Bogart com uma garrafa de Coca-Cola quebrada.[33] Após *O falcão maltês*, quando Bogart pleiteava o estatuto de estrela, os publicitários da Warner passaram, de um lado, a incentivar o apelo do ator entre o público feminino, de outro, a propagandear a perfeição de seu casamento.[34] Os incidentes prosseguiram: durante as filmagens de *Garras amarelas*, ao retornar para casa, Bogart foi esfaqueado nas costas por Mayo;[35] pouco tempo depois, ela tentou o suicídio cortando os pulsos.[36]

7.

O historiador Thomas Schatz afirmou que não apenas os melhores trabalhos de Bogart, em meados da década de 1940, foram feitos sob a

---

[30] Id., ibid., pp. 71-73.
[31] Id., ibid., pp. 71, 74.
[32] Id., ibid., pp. 91-92.
[33] Id., ibid., pp. 106-108.
[34] Id., ibid., pp. 165-166.
[35] Id., ibid., pp. 184-185.
[36] Id., ibid., pp. 223-224.

direção de Howard Hawks – *Uma aventura na Martinica* e *À beira do abismo* –, mas que tais filmes "foram mais importantes para a definição da *persona* de Bogart do que qualquer um dos 24 que ele estrelou durante a década".[37] Hawks era uma figura singular na indústria cinematográfica: de um lado, entre muitos artistas, técnicos e homens de negócios cuja escolaridade não alcançava, em geral, a faculdade, ele possuía um diploma de engenharia mecânica pela Universidade Cornell; de outro, a exemplo de John Huston, ele exercera antes várias atividades de forma temporária, tais como piloto de corrida e desenhista industrial de uma companhia de aviação.[38] Hawks trabalhava com "uma eficiência e um profissionalismo raros na indústria cinematográfica";[39] por isso, e também devido ao sucesso e prestígio de seus filmes, gozava de uma rara autonomia em relação aos estúdios.[40] Até mesmo Jack Warner evitava desafiá-lo, o que permitia a Hawks exercer a tarefa de produtor em seus filmes.[41] O acúmulo de tais funções, direção e produção significava mais independência; do contrário, Hawks jamais realizaria *Uma aventura na Martinica*, produção de prestígio assumida como reprise de *Casablanca*, com a novata Bacall interpretando, contra a vontade do estúdio, o par romântico do protagonista, Bogart.[42]

Com o sucesso do filme, a Warner comprou da H-F Productions o contrato de Bacall; seguiu-se uma campanha publicitária que tentou apagar a origem judaica de Bacall: "'Ela é filha de pais que traçam sua ascendência norte-americana há várias gerações'".[43] Tal esforço, proveniente de um estúdio cujos donos eram judeus poloneses imigrantes, pode parecer um

---

[37] Schatz, *O gênio do sistema*, op. cit., p. 423.
[38] Sperber & Lax, op. cit., pp. 240-241.
[39] Schatz, *O gênio do sistema*, op. cit., p. 424.
[40] Friedrich, op. cit., p. 241.
[41] Schatz, *O gênio do sistema*, op. cit., p. 424.
[42] Id., ibid., p. 425.
[43] Sperber & Lax, op. cit., p. 271: "'*She is the daughter of parents who trace their American ancestry back several generations*' [...]".

contrassenso; contudo, apesar da Warner ter sido o primeiro estúdio de Hollywood a produzir um longa-metragem "abertamente antinazista", também lançou uma cinebiografia de Émile Zola sem mencionar que o capitão Dreyfus era judeu.[44] O motivo para a reticência política hollywoodiana reside, por um lado, na dependência de um mercado consumidor, pois, como já foi dito, "cerca de um terço de seu lucro vinha do exterior", de países fascistas e antifascistas, situação que mudaria apenas com a entrada dos Estados Unidos na guerra;[45] por outro, "o antisemitismo na América de 1940 estava disseminado e era intenso".[46] O próprio Hawks emitia, com frequência – para desgosto e preocupação de Bacall –, comentários antissemíticos.[47] Já Bogart, por sua vez, parecia considerar a ascendência judaica de Bacall algo irrelevante; entretanto, Mary Baker, velha amiga do ator, relatou que ele nutria reservas quanto a ter filhos de origem meio-judia.[48] De qualquer modo, eles tiveram dois: Stephen Humphrey Bogart, nascido em 1949, e Leslie Bogart, de 1952.[49]

O romance entre Bacall e Bogart começou durante as filmagens de *Uma aventura na Martinica*. Ao que tudo indica, Bogart jamais se envolvera com uma colega de filmagem, muito menos com alguém 25 anos mais nova[50] – o que não significa que ele não tivera relacionamentos extraconjugais.[51] O caso irritou Hawks, pois ameaçava seu controle não apenas sobre a produção do filme, mas também sobre Bacall;[52] na prática, porém, ele pouco poderia fazer sem prejudicar seu investimento na jovem atriz,

---

[44] Friedrich, op. cit., pp. 60-61. Trata-se de *Confissões de um espião nazista*, de 1939, e *Vida de Émile Zola*, de 1937.
[45] Id., ibid., pp. 57-58.
[46] Id., ibid., pp. 58.
[47] Sperber & Lax, op. cit., pp. 247-248.
[48] Id., ibid., pp. 297-298.
[49] Duchovnay, op. cit., pp. 281-282.
[50] Sperber & Lax, op. cit., pp. 256-259.
[51] Id., ibid., p. 168.
[52] Id., ibid., p. 263.

que logo se mostraria valiosa. No período de um ano, entre o término das filmagens de *Uma aventura na Martinica*, em maio de 1944, e alguns meses após o fim da produção de *À beira do abismo*, em maio de 1945, Bogart oscilou entre seu casamento decadente e a relação com Bacall, terminando por se casar com esta, sua quarta e última esposa.[53] Pode-se ter uma ideia das intempéries emocionais do ator, nesse período, pelo impacto que causaram à produção de *À beira do abismo*: Bogart, um exemplo de profissionalismo até então, passou a se atrasar para as filmagens, culminando em um colapso nervoso que o afastou, às vésperas de 1945, dois dias do trabalho.[54] Dessa forma, também delineia-se a vida do artista no sistema de estúdios, explorado até seu limite; não um artista qualquer, mas um ator cuja posição já estava sedimentada pelo prestígio e valor que seu trabalho era capaz de produzir em benefício do próprio estúdio.

8.

Os pôsteres e *trailers* dos filmes consistem em fontes suplementares ao fenômeno histórico da *persona* cinematográfica. Uma vez que, conforme corre o tempo, os filmes são relançados em novas mídias (televisão, VHS, DVD, Blu-ray) e submetidos ocasionalmente a processos técnicos de conservação e restauração, eles também são separados do material propagandístico ao qual estavam vinculados no momento de seu lançamento; eventualmente, novos pôsteres são produzidos, como é o caso da edição comemorativa do cinquentenário de *Casablanca*. Nesse sentido, é notável a preocupação atual, evidente nos lançamentos e relançamentos em mídia digital, em oferecer um conjunto de materiais extras (cenas cortadas, documentário sobre a produção, entrevistas); se, por um lado, isso implica em uma forma de valorizar um produto antigo e, portanto,

---

[53] Duchovnay, op. cit., p. 280.
[54] Sperber & Lax, op. cit., p. 289.

em extrair valor econômico de um objeto artístico que ainda detém apelo entre o público, por outro oferece, de modo facilmente acessível, um material histórico que, de outro modo, estaria confinado aos arquivos dos estúdios. Enquanto um filme enfrenta a passagem do tempo por meio de distintas experiências receptivas, mantendo-se familiar ao longo de uma continuidade cultural, seu respectivo material publicitário, ao qual deve sua disseminação no momento de seu lançamento, converte-se, apartado de tais experiências, em uma fonte histórica inequívoca. *O mágico de Oz*, em particular, levou a continuidade cultural ao paroxismo por meio da tradição: exibido originalmente na televisão norte-americana em 3 de novembro de 1956, empreendeu, a partir de 1959, ciclos anuais de reexibições que cessaram apenas em 1998.[55] No entanto, seus diversos públicos ao longo do tempo não o viram com olhos distintos dos espectadores contemporâneos ao seu lançamento? Em suma, a experiência cinematográfica do período em que um filme foi lançado está relativamente perdida; contudo, seu pôster e *trailer*, apartados do público e do próprio filme e, portanto, mais visivelmente datados que este, permitem não apenas uma reconstrução aproximada daquela experiência, mas também evocam o estranhamento que a obra encerra como artefato cultural do passado e que a familiaridade de sua contínua reexibição oculta.

9.

No *trailer* de *Uma aventura na Martinica*, a referência era *Casablanca*, ao se definir o personagem de Bogart como "soldado da fortuna"; sublinhou-se, ainda, o fato de ser a versão cinematográfica de *Ter e não ter*, romance de Ernest Hemingway do qual consistia em uma vaga adaptação.[56] A propaganda anunciou Bogart "vivendo de modo perigoso e amando

---

[55] www.IMDb.com, verbete "*The Wizard of Oz* (1939)".
[56] Friedrich, op. cit., p. 242. Ernest Hemingway, *To Have and Have Not*, Nova York, Charles Scribner's Sons, 1937.

de forma ousada";[57] a seguir, ela introduziu duas atrizes novatas: a "fascinante" Dolores Moran, que "conheceu muitos homens, mas nenhum como ele", e a "provocativa" Lauren Bacall, "o único tipo de mulher para seu tipo de homem!".[58] O *trailer* conferiu maior destaque à segunda e sua insolência: em certa cena, após Bacall beijá-lo, Bogart pergunta o motivo do beijo; ela lhe diz que queria saber se gostava ou não; ao ser questionada sobre seu parecer, respondeu que ainda não sabia, beijou-o novamente e concluiu: "É ainda melhor quando você ajuda".

Já no *trailer* de *À beira do abismo*, dá-se ênfase na ameaça de perigo da trama e, em particular, ao romance dos protagonistas. Em uma livraria, Bogart procura "um bom mistério como *O falcão maltês*"; a atendente sugere-lhe o *best-seller* de Raymond Chandler, *O sono eterno*, que "possui tudo de *O falcão maltês* e mais" – "Que filme daria!", completa. Bogart toma o livro e lê em voz alta a reflexão de seu personagem, que relembra as vicissitudes de um caso no qual "cada pista contava uma história diferente, mas com o mesmo final: morte". Conforme relata que seu instinto avisara-lhe de que algo ainda mais perigoso, "mais mortífero do que já conhecera", estava próximo, a imagem de Bacall surge na tela para ser dissolvida em comentários insolentes intercalados por beijos: "Gosto disso e quero mais" e "Assim é melhor ainda". O apelo propagandístico é repetitivo: "Eles estão juntos outra vez! Aquele homem – Bogart! E aquela mulher Bacall! Estão *daquele jeito* outra vez!".[59]

A característica mais notável desse material publicitário reside no fato de que as figuras em cena não são apenas personagens nem seus respectivos intérpretes, e, sim, as próprias *personas* dos artistas. Tal processo resume-se em retomar um conjunto de atributos associado a um personagem de um

---

[57] "*Humphrey Bogart: living dangerously – loving recklessly!*"

[58] "*She had known many men... But never one like this!*" e "*The only kind of woman for his kind of man!*"

[59] "*They're together again! That man – Bogart! And that woman Bacall! ...Are that way again! In Warner Bros. long-waited masterpiece of mistery! Another big entertainment from Warner Bros.*"

filme anterior e vinculá-lo ao personagem do filme promovido; a continuidade é preservada, pois um só artista interpreta ambos; no entanto, não se trata apenas de um ou outro personagem, tampouco do próprio artista, porém de sua *persona*, que só assume uma forma concreta ao inscrever, por meio da performance, o primeiro no corpo do segundo. Isso é evidente no uso dos nomes próprios: não se trata tão somente de Steve ou Marlowe, de Slim ou Vivian, mas de Bogart e Bacall. "Aquele homem – Bogart! E aquela mulher Bacall!" Tais pronomes demonstrativos não se referem simplesmente aos artistas Bogart e Bacall: eles reportam-se às suas respectivas *personas* cinematográficas, às quais cabem estabelecer a mediação entre o artista, reconhecível e distinguido através de traços peculiares exibidos em personagens anteriores, e a série de personagens por ele representada. Através da *persona* cinematográfica, o *trailer* reapresenta o artista por meio da apresentação de um novo personagem: o público desconhecia Steve e Marlowe, porém estava bem familiarizado com Bogart.

10.

Uma aventura na Martinica transferiu a tensão inscrita em *Casablanca*, delineada entre interesses individuais e constrições sociais, para o Caribe; dessa vez, porém, o personagem de Bogart maneja a situação no sentido de assumir uma posição intermediária entre os extremos da conjuntura, e termina o filme ao lado de Bacall, "seu tipo de mulher". Já em *À beira do abismo*, Bogart retorna ao romance policial na pele do detetive particular Philip Marlowe, que se depara – em um caso que mistura a elite e o submundo de Los Angeles em uma série de pistas que envolve pornografia, jogatina e homicídios – com a perigosa Vivian, encarnada por Bacall. No entanto, diante do cartaz de *Uma aventura na Martinica*, no qual Bacall encontra-se nos braços de Bogart, que indícios teria um espectador contemporâneo, ignorante da sinopse do filme, de que se tratava de um melodrama geopolítico à moda de *Casablanca*? No pôster diante de seus olhos, o vermelho do nome de Bogart preenche os lábios de Bacall, e a figura enlaçada de ambos domina o anúncio do filme. O mesmo raciocínio é válido para o anúncio de *À beira do abismo*: com exceção do título original – *The Big Sleep*, ou *O sono eterno*, numa tradução para o português –, não há qualquer sinal de que se trata de um romance policial; o enlace entre Bacall e Bogart é, mais uma vez, o centro do cartaz, e o nome dela divide o espaço com o dele, que juntos parecem sobrepujar até mesmo o título do filme. Se tais filmes "foram cruciais para o desenvolvimento do estilo *noir* da Warner em suas duas manifestações costumeiras: a exótica intriga geopolítica e o *thriller* sórdido de crime",[60] a relação Bacall-Bogart desempenhou aí uma função central. Afinal, de que tratam os cartazes de tais filmes senão, e sobretudo, do relacionamento entre as *personas* de Bogart e Bacall?

11.

Se a relação amorosa de Bacall e Bogart é o eixo de *À beira do abismo*, como indica seu cartaz publicitário, ainda assim ela estabelece-se por meio do característico fenômeno de duplicação entre o caráter detetivesco do paradigma clássico hollywoodiano e o gênero policial, o que pressupõe uma relação íntima entre processo cognitivo e forma narrativa. A finali-

---

[60] Schatz, *O gênio do sistema*, op. cit., p. 423. *Film noir* é uma designação atribuída pela crítica francesa do pós-guerra a um conjunto de filmes hollywoodianos produzidos desde o começo da década de 1940, entre eles *O falcão maltês* e *À beira do abismo*, que foram interditados pela censura da Ocupação; trata-se, portanto, de um termo tardio e exógeno (cf. Schatz, *Hollywood Genres*, op. cit., pp. 111-123). "De forma geral, *film noir* ('filme preto') refere-se a dois aspectos interrelacionados: visualmente, tais filmes eram mais escuros e de composição mais abstrata do que a maioria dos filmes de Hollywood; quanto à temática, eram consideravelmente mais pessimistas e brutais em sua apresentação da vida norte-americana contemporânea, mais ainda do que os filme de gângster do início dos anos 1930 haviam sido" (id., ibid., p. 112: "*Generally speaking,* film noir *('black film') refers to two interrelated aspects: visually, these films were darker and compositionally more abstract than most Hollywood films; thematicaly, they were considerably more pessimistic and brutal in their presentation of contemporary American life than even the gangster films of the early 1930s had been*").

dade de *O falcão maltês*, tanto o romance como o filme, era descrever o olhar do detetive através da narrativa; para tanto, ao longo do filme, com exceção da cena de homicídio ausente no livro, a câmera seguia Spade de forma ininterrupta. Verifica-se o mesmo tipo de olhar em *À beira do abismo*, com a diferença de que este filme não compreende nenhuma cena cujo olhar não seja o de Marlowe, o detetive interpretado por Bogart. Em *O sono eterno*, de 1939, primeiro romance de Raymond Chandler, a partir do qual produziu-se o filme de Hawks, isso é reforçado pelo recurso que faz de Marlowe um narrador-personagem.[61]

O filme de Hawks leva certamente em conta o de Huston; Chandler, por sua vez, não perde Dashiell Hammett de vista. No ensaio "A simples arte de matar", publicado em 1944 em *The Atlantic Monthly*, Chandler empreende uma apologia da história de detetive de cunho realista, tal como praticada por Hammett e ele próprio; ele a defende contra o princípio hierárquico dos gêneros literários que a classifica em uma categoria inferior.[62] "Sempre é uma questão de quem escreve o material e o que este autor tem dentro de si que o leva a escrever", afirma;[63] ele explica ainda que Hammett escrevia a partir de fatos que conhecia, isto é, criava ficção a partir de sua experiência pessoal.[64] Chandler descreve o detetive como um "homem honrado", o herói desse tipo de história: "nas ruas sórdidas da cidade grande precisa andar um homem que não é sórdido, que não se deixou abater e que não tem medo".[65] No final do ensaio, ele escreve:

> [O detetive] não aceita dinheiro desonesto de ninguém e também não aceita insolência da parte de ninguém – a insolência produz nele uma revanche à altura e desapaixonada. É um homem solitário e sente orgulho em ver que

---

[61] Raymond Chandler, *O sono eterno*, tr. de William Lagos, Porto Alegre, L&PM, 2001.
[62] R. Chandler, "A simples arte de matar. Um ensaio", *A simples arte de matar. Volume 1*, tr. de Beatriz Viégas-Faria, Porto Alegre, L&PM, 2009, pp. 7-27.
[63] Id., ibid., p. 19.
[64] Id., ibid., p. 22.
[65] Id., ibid., p. 26.

você o trata como um homem orgulhoso ou, caso contrário, que você se arrependerá muito de tê-lo conhecido.[66]

Diante da insolência, tal herói reage sem paixão. Um Marlowe desse tipo, interpretado por Bogart, seria à prova de Bacall. O Marlowe de *O sono eterno* é um personagem misógino: quando a irmã de Vivian, Carmen, "que se revela ser a assassina, tenta se enfiar na cama de Marlowe, ele a expulsa";[67] quando Vivian "o beija e se convida para ir ao apartamento dele, Marlowe se defende dela com perguntas embaraçosas";[68] ele declara, afinal: "Você pode sentir ressaca de outras coisas além do álcool. Eu estava com ressaca de mulher. Mulheres me davam nojo".[69]

Esse não era um personagem compatível com a *persona* de Bogart – síntese entre indiferença e vulnerabilidade –, muito menos no exato momento em que se empreendia a sedimentação de seu par romântico, último requisito da tradição narrativa hollywoodiana. De fato, os personagens de Bogart, ao contrário dos outros com os quais se relacionava, não eram sórdidos; eles sustentavam uma imagem de invulnerabilidade destemida que cabia às vicissitudes da narrativa desalinhar, todavia não desfazer por completo, pois a riqueza dramática de sua performance advinha da tensão entre a indiferença aparente, que o mantém à distância, quase intocável, e a vulnerabilidade que irrompe subitamente. Além disso, Vivian, a personagem de Bacall, destacava-se pouco no livro entre a fileira de coadjuvantes; já na primeira versão de *À beira do abismo*, ela assumia maior relevo do que sua congênere literária e, como se viu, as refilmagens invocadas por Feldman acentuaram essa tendência. Entre *O sono eterno* e *À beira do abismo*, interpuseram-se os condicionantes da estrutura de produção hollywoodiana, das quais Hawks, como produtor e diretor, estava bem consciente. Em meio a tais constrições, a forma

---

[66] Id., ibid., pp. 26-27.
[67] Friedrich, op. cit., p. 244.
[68] Id., ibid.
[69] Chandler, *O sono eterno*, op. cit., p. 167.

já bem estabelecida da *persona* cinematográfica de Bogart mostrou-se incontornável, de modo que uma grande distância separa o Marlowe de Chandler e o de Bogart: o primeiro é praticamente inabalável.

12.

"Ao final de seu contrato de sete anos com a Warner, Faulkner viria a receber o prêmio Nobel, mas no momento estava trabalhando pela tabela de pagamento para 'escritor principiante'. Tinha 45 anos."[70] Sempre carente de dinheiro, Faulkner, ao mesmo tempo em que se dedicava à literatura (seu primeiro romance, *Soldier's Pay*, fora publicado em 1926), trabalhava, desde 1932, como roteirista em Hollywood.[71] Na adaptação cinematográfica de *Ter e não ter*, em particular, delineiam-se condicionantes estruturais que sobrepujam o campo hollywoodiano, e seria preciso considerar a lógica do domínio literário, pois, naquele momento, Faulkner, um fracassado literário, vendia barato seu trabalho no esforço de adaptar o livro de Hemingway, escritor então já consagrado, que, no entanto, receberia o Nobel em 1954, ou seja, depois de Faulkner. O trânsito de escritores entre as distintas lógicas dos mundos cinematográfico e literário é um fenômeno social de relevo; somente neste breve ensaio, deparou-se com quatro, além de Faulkner: Scott Fitzgerald;[72] Hammett, que trabalhou como roteirista, de forma inter-

---

[70] Friedrich, op. cit., p. 240.

[71] www.IMDb.com, verbete "William Faulkner".

[72] Budd Schulberg descreveu o período de Fitzgerald em Hollywood; em particular, a tragicômica experiência que compartilharam na redação do roteiro de *Carnaval na neve*, de 1939 (cf. "O velho Scott. O mito, a máscara, o homem", *As quatro estações do sucesso*, Rio de Janeiro, Tempo Brasileiro, 1974, pp. 98-154). O próprio Schulberg (conhecido pelo roteiro de *Sindicato de ladrões*), filho do chefe de produção da Paramount, escreveu – a exemplo do póstumo *O último magnata*, de Fitzgerald – dois romances sobre a indústria cinematográfica: o polêmico *O que faz Sammy correr?* (tr. de Terezinha Santos e Isaac Piltcher, Rio de Janeiro, Record, 1994), de 1941, sobre a trajetória arrivista de um judeu implacável, do gueto à posição de produtor em Hollywood; e *Os desencantados* (tr. de Alexandre Barbosa de Souza, Alípio Correia

mitente, entre 1930 e 1950;[73] Bertolt Brecht, que já havia escrito roteiros em sua Alemanha natal e se refugiou em Hollywood durante a guerra;[74] e finalmente, o próprio Chandler, que colaborou com Billy Wilder na adaptação do romance *Pacto de sangue*, de James M. Cain, e, anos depois, com Hitchcock, no roteiro de *Pacto sinistro*, de Patricia Highsmith.[75] Trata-se, enfim, de uma questão formidável, sobre a qual desconheço qualquer estudo detalhado e que mereceria uma análise vigorosa.

13.

Em 19 de dezembro de 1946, Bogart assinou um novo contrato com a Warner.[76] O acordo incluía termos inegociáveis, apresentados pelo ator e seu agente: duração de quinze anos; apenas um filme anual para o estúdio, com salário de 200 mil dólares; permissão para fazer um filme por ano em outro estúdio;[77] garantia de "aprovação de argumentos, roteiros e diretores".[78] Naquele ano, Bogart recebeu quase meio milhão de dólares, então o maior salário pago a um ator;[79] contudo, o mais importante era a cláusula de escolha sobre seus projetos, direito estratégico para que não ficasse à mercê dos ditames do estúdio, como ocorrera tantas vezes. Pode-se falar inequivocamente na "supremacia de Bogart na Warner",[80] assegurada pelo fato de que não somente se tornara, durante a guerra, a maior estrela do estúdio, mas também porque foi capaz de manter tal

---

de Franca Neto e Rodrigo Lacerda, São Paulo, Cosac Naify, 2006), de 1951, criação literária a partir da aventura com Fitzgerald em *Carnaval na neve*.

[73] Hammett, *Complete Novels*, op. cit., pp. 949-959.
[74] Friedrich, op. cit., pp. 103-107.
[75] Id., ibid., pp. 165-171, 417-419.
[76] Duchovnay, op. cit., p. 281.
[77] Sperber & Lax, op. cit., p. 333.
[78] Schatz, *O gênio do sistema*, op. cit., p. 427.
[79] Sperber & Lax, op. cit., p. 334.
[80] Schatz, *O gênio do sistema*, op. cit., p. 427.

estatuto no pós-guerra; assim, seu nome apareceu, de 1943 a 1949, em todas as edições anuais da lista das dez maiores estrelas (elaborada pelos exibidores) e, no pós-guerra, foi o único artista da Warner a constar em tal discriminação de popularidade entre o público.[81] Grandeza de Bogart, portanto, ou, em outras palavras, conquista de uma considerável autonomia relativa, proporcionada pela elaboração e sedimentação de sua *persona* cinematográfica. E, uma vez que se fala em grandeza, é necessário retomar a aguda consciência política implícita na frase de Braudel: "A grandeza, no sentido que a palavra possui em nossas explicações de historiadores, se mede sempre pelas grandezas dos *outros*. Ela só é grandeza caso ultrapasse a de outro".[82] Os outros, no caso, mais do que quaisquer artistas, eram os próprios estúdios, pois, com o final da guerra, as ameaças a Hollywood (os ataques antitrustes, a televisão, a mudança para os subúrbios, a proliferação de companhias independentes, a paranoia anticomunista) intensificaram-se e, aos poucos, desestruturaram irrevogavelmente o sistema de estúdios. Nesse momento, portanto, a dependência dos estúdios por suas estrelas consagradas aumentava de forma crítica. As relações de força modificaram-se em detrimento de Hollywood, tal como encontrava-se estruturada, e assim as condições para forjar artistas como o próprio Bogart transformaram-se em uma cena fragmentada do passado.

14.

De potencial aluno de Yale a gângster em Hollywood; deste, um tipo plano, a um personagem com densidade dramática calibrada entre a aparente indiferença bruta e a vulnerabilidade súbita; em seguida, outros personagens similares, por meio de pequenas variações e, enfim, par romântico de uma *persona* ainda mais insolente do que a dele própria

---

[81] Id., ibid., p. 423. *Motion Picture Herald* citado por Schatz, *Boom and Bust*, op. cit., pp. 469-471.

[82] Braudel, *O modelo italiano*, op. cit., p. 193.

jamais havia sido; de ator contratado quase sem direito algum à estrela em posição de supremacia no estúdio. Assim o percurso se realizou. Ao longo de sua extensão, delineou-se a *persona* cinematográfica de Bogart através de inúmeras pistas, cujas interpretações procuraram focalizar a espessura histórica do processo.

A rigor, esta investigação poderia continuar a seguir a *persona* de Bogart. Em 1948, encontraria-o fundando sua própria companhia independente, a Santana Production Company;[83] no mesmo ano, assistiria a uma interessante exploração de sua *persona* através da infâmia provocada pela ganância entre mineiros, em mais um projeto com John Huston, *O tesouro de Sierra Madre*; ou ainda, em 1954, observaria a adaptação de sua *persona* ao gênero da comédia romântica em *Sabrina*, de Billy Wilder; constataria sua consagração máxima no campo cinematográfico ao receber, em 1952, o Oscar de melhor ator por *Uma aventura na África*, também de Huston. Nem mesmo a morte de Bogart, em 1957, seria capaz de impedir o prosseguimento da pesquisa, pois sua *persona* – devido, em certa medida, à reprodutibilidade técnica – foi capaz de conquistar e manter uma posição no panteão cultural. Ao acompanhar Bogart em sua além-vida, a pergunta que se impõe é: como essa forma cultural denominada Humphrey Bogart conseguiu resistir ao escoamento do tempo?[84] Em 1960, o contraventor Jean-Paul Belmondo idolatra "Bogie", em *Acossado*;[85] em 1972, Bogart retorna à tela para dar conselhos amorosos ao neurótico Woody Allen, em *Sonhos*

---

[83] Duchovnay, op. cit., pp. 281-282.

[84] A questão da além-vida ("*afterlife*") foi proposta, mas insuficientemente explorada, pelo biógrafo Stefan Kanfer (*Tough Without a Gun. The Life and Extraordinary Afterlife of Humphrey Bogart*, Nova York, Alfred A. Knopf, 2011); cf. minha resenha "O durão desarmado e a bonequinha de luxo", *Folha de S. Paulo*, caderno "Ilustríssima", 11 de setembro de 2011, pp. 4-5.

[85] A presença da figura de Bogart em *Acossado* está inequivocamente vinculada ao circuito mais amplo dos críticos cinematográficos franceses do pós-guerra: cf. Antoine de Baecque, *Cinefilia. Invenção de um olhar, história de uma cultura, 1944-1968*, tr. de André Telles, São Paulo, Cosac Naify, 2010, pp. 78-79, 256-264, 273-274.

de um sedutor.⁸⁶ Todavia, se toda apropriação implica em criação, seria esse o mesmo Bogart descrito nestas linhas?

15.

Durante a maior parte da vida, muito antes de cogitar qualquer opção profissional concreta, assisti ao cinema – em grande medida, ao de Hollywood. Ao longo do intervalo particularmente atribulado entre a infância e a vida adulta – no qual o tempo, no plano da vivência, escoa lentamente, e, no plano da memória, remonta a uma distância incomensurável –, em meio às primeiras experiências e investimentos do processo de envelhecimento social que culmina na estreitíssima possibilidade de escolher um certo percurso, o cinema e a família foram os únicos elementos constantes. É assim que, entre muitos eventos e pessoas que o tempo arrebatou, não esquecerei aquela longínqua noite de inverno em que, metido em um pijama de flanela e acomodado na extremidade do sofá mais próxima da televisão, testemunhei o confronto entre um palhaço maníaco e um herói perturbado; ou aquele sábado em que a velhice e a doença foram repousar, enquanto a peripécia rocambolesca que se encerrava em uma plataforma de petróleo dava lugar à outra, não menos acidentada, porém infinitamente mais cativante, na qual pai e filho compartilhavam aventuras. Trata-se de uma educação do olhar, que se torna capaz de discernir, entre dezenas de instantâneos justapostos, os

---

[86] Em uma entrevista com Woody Allen, Eric Lax, ao questionar sobre o processo de criação do roteiro de *Sonhos de um sedutor*, comentou que "[...] por causa de *Casablanca*, Bogart é uma figura mais romântica do que outros durões da época dele, como Robinson e Cagney" (Eric Lax, *Conversas com Woody Allen. Seus filmes, o cinema e a filmagem*, tr. de José Rubens Siqueira, São Paulo, Cosac Naify, 2008, p. 27), ao que o entrevistado respondeu: "Não que eu gostasse mais dele que do Edward G. Robinson ou do James Cagney; só que nos filmes ele tinha uma atitude firme com as mulheres, e na época havia uma porção de pôsteres do Bogart em toda parte. Eu já havia colocado cenas imaginadas no roteiro. Bogart foi um acidente feliz" (id., ibid.).

filmes aos quais pertencem: a porta aberta que serve de moldura à vastidão ensolarada do exterior, o solitário balé em câmera lenta no ringue, a figura pintada que emerge lentamente do rio em meio à névoa. No centro disso tudo, encontram-se variações do heroísmo (pilar narrativo de Hollywood), e, de forma correspondente, da masculinidade. Assim, antes de me tornar antropólogo, formei-me na cinefilia. Tudo se passa como se tais fragmentos cinematográficos remetessem às lembranças involuntárias da experiência social que ensejou outrora a exibição do filme; portanto, da perspectiva individual, depara-se com o modelo de Marcel Proust, e, do ponto de vista histórico, com o paradigma indiciário. Não exponho tal dimensão autobiográfica com intuito confessional; faço-o porque ela foi decisiva para o recorte analítico utilizado, atento ao vínculo profundo entre experiência social e cultura visual. A experiência social é indivisível, pois move-se de forma contínua; o tempo é quem cria as rupturas, deixando o pensamento – impossível apartado da própria experiência – às voltas com fragmentos.

AGRADECIMENTOS

Este ensaio é produto de seis anos de trabalho, desde que, no início do curso de Ciências Sociais, decidi estudar o cinema de Hollywood. Esse percurso – que contou com o apoio de bolsas de iniciação científica e de mestrado do CNPq e da Fapesp – está em débito com muitas pessoas; a seguir, procuro elencar as mais diretamente envolvidas.

Em primeiro lugar, agradeço ao Programa de Pós-Graduação em Antropologia Social da Unicamp pela confiança e apoio; à secretária de Antropologia, Maria José Rizola, pela presteza do atendimento, assim como aos funcionários das bibliotecas da Faculdade de Educação (FE), do Instituto de Artes (IA), do Instituto de Estudos de Linguagem (IEL) e do Instituto de Filosofia e Ciências Humanas (IFCH), e também aos do setor de cópias deste último – sem os quais não se poderia fazer pesquisa alguma.

Às velhas amizades do tempo de graduação – Aline Martins, Maurício de Almeida, Valencio de Oliveira –, agradeço pela cumplicidade em percorrer esse caminho sinuoso. Flávia Slompo e Luiz Henrique Passador foram os primeiros colegas com quem pude debater este trabalho, ainda em uma fase inicial; Neiva Borgato, por sua vez, contribuiu para que ele irrompesse, em sua primeira forma, ao longo das discussões de gênero e mídia que Heloisa Buarque de Almeida coordenava no Núcleo de Estudos de Gênero (Pagu). No grupo de alunos de minha orientadora, indico minha gratidão, em especial, à Taniele Rui e Daniela Ferreira Araujo Silva, pelo diálogo produtivo, e a Luiz Gustavo Rossi, pelas longas e estimulantes conversas de estrada; minha dívida pessoal com Graziele Rossetto, acumulada durante todos esses anos, é impagável, e devo a ela, ainda, o estímulo para tomar os cartazes e *trailers* dos filmes como fontes históricas. Ao Grupo de Estudos de Antropologia e Arte da Unicamp – em particular, Carla Delgado e Luisa Pessoa –, agradeço a oportunidade de discutir o primeiro capítulo, precedida pela exibição de *O falcão maltês*, no ciclo "O cinema sob o olhar das ciências sociais". Aos colegas do curso "Produção cultural, cidade e gênero" (oferecido, no primeiro semestre de 2009, por Heloisa Pontes e Silvana Rubino, no âmbito dos programas de pós-graduação em Antropologia Social e em História da Unicamp), agradeço pelo debate ímpar, do qual este trabalho é um produto direto. Finalmente, eu não poderia deixar de citar essa verdadeira comunidade que se formou durante meus dois anos de mestrado: Adriana Dias, Ana Laura Lobato, André de Oliveira, Desirée Azevedo, Diego Marques, Fernando Niemeyer, Franco Canalli, Giovana Feijão, Héctor Hernández, Laura Santonieri, Liliane Sanjurjo, Mauro Brigeiro, Paula Ferreira, Paulo Dalgalarrondo, Raul Ortiz, Roberta Rizzi, Roberto Rezende, Sergio Mendes, Suzane Vieira; à Joanna da Hora, agradeço pelo tanto que compartilhou comigo nesse período. Desde a defesa deste trabalho na forma de uma dissertação, beneficiei-me ainda da interlocução valiosa com Rodrigo Ramassote, cinéfilo inveterado, que vem alimentando outras pesquisas.

Ao longo do mestrado, foi possível retomar o diálogo com professores que exerceram um papel fundamental em minha formação, e também expandir o grupo de interlocutores: no primeiro grupo, encontram-se Guita Grin Debert, John Manuel Monteiro (*in memoriam*), Maria Filomena Gregori, Omar Ribeiro Thomaz; no segundo, Ismail Xavier,

Agradecimentos

Silvana Rubino, Suely Kofes e todos os integrantes do projeto temático "Formação do campo intelectual e da indústria cultural no Brasil contemporâneo", coordenado por Sergio Miceli. Meu profundo agradecimento a todos.

Heloisa Buarque de Almeida orientou, durante a graduação, minhas primeiras empreitadas científicas; através de seu estímulo e dedicação, pude me aventurar sem receio nas atividades de pesquisas. Não é possível medir o quanto este ensaio deve ao rico período em que trabalhei com ela.

Heloisa Pontes, minha orientadora, tem sido uma presença marcante ao longo de todo meu percurso acadêmico. Agradeço-a pelo rigor, exigência e seriedade; pelas leituras realizadas com olho clínico; pelas orientações aplicadas com perícia; enfim, pelo estímulo intelectual: escrevi este trabalho pensando nela, em particular, como interlocutora.

Bruno Lourenço, Ignácio Font, Roberta e Renan Mello contribuíram, cada um a sua maneira, para nossas amizades de longa data, das quais, muitas vezes, ausentei-me devido ao trabalho.

Agradeço à minha irmã, Ana Luísa, profunda conhecedora de minhas idiossincrasias, e ao meu sobrinho, Bruno, cujos 11 anos de vida coincidem com os meus de universidade e, não obstante, ensinaram-me mais do que eu a ele. Finalmente, aos meus pais, Regina e Antonio, dedico agradecimentos especiais: sem seu apoio incondicional, em todos os momentos de minha vida, jamais poderia ter escrito as linhas deste ensaio.

Na passagem entre o circuito acadêmico e o grande público, este trabalho foi acolhido pela coleção Antropologia Hoje, dirigida por José Guilherme Cantor Magnani e coordenada por Luís Felipe Kojima Hirano na editora Terceiro Nome, aos quais agradeço profundamente. Agradeço também o auxílio da Fapesp (processo 2014/50.771-2) que apoiou, assim, esta publicação. Devo mencionar, enfim, na Terceiro Nome, o trabalho dedicado de Mary Lou Paris e sua equipe, sem o qual o leitor não teria o livro que tem em mãos.

BIBLIOGRAFIA

1. Antropologia, história, sociologia

ADORNO, Theodor W., "Culture Industry Reconsidered", *New German Critique*, nº 6, 1975, pp. 12-19.

_____, *Theodor W. Adorno. Sociologia*, ed. de Gabriel Cohn, tr. de Flávio R. Kothe, Aldo Onesti e Amélia Cohn, São Paulo, Ática, 1994.

_____, *Minima moralia. Reflexões a partir da vida lesada*, tr. de Gabriel Cohn, Rio de Janeiro, Beco do Azougue, 2008.

ADORNO, Theodor W., & HORKHEIMER, Max, *Dialética do esclarecimento*, tr. de Guido Antonio de Almeida, Rio de Janeiro, Jorge Zahar Editor, 1985.

ANDERSON, Benedict, *Comunidades imaginadas. Reflexões sobre a origem e a difusão do nacionalismo*, tr. de Denise Bottman, São Paulo, Companhia das Letras, 2008.

AUERBACH, Erich, *Mimesis. The Representation of Reality in Western Literature*, tr. de Willard R. Trask, Princeton, Princeton University Press, 2003.

BAXANDALL, Michael, *Painting and Experience in Fifteenth-Century Italy. A Primer in the Social History of Pictorial Style*, Oxford, Oxford University Press, 1988.

_____, *Padrões de intenção. A explicação histórica dos quadros*, tr. de Vera Maria Pereira, São Paulo, Companhia das Letras, 2006.

BENJAMIN, Walter, "A obra de arte na época de suas técnicas de reprodução", W. Benjamin et alii, *Textos escolhidos*, tr. de José Lino Grünnewald, São Paulo, Abril Cultural, 1983, pp. 3-28.

_____, "A obra de arte na era de sua reprodutibilidade técnica. Primeira versão", *Magia e técnica, arte e política. Ensaios sobre literatura e história da cultura*, tr. de Sergio Paulo Rouanet, São Paulo, Brasiliense, 1994, pp. 165-196.

BOURDIEU, Pierre, *As regras da arte. Gênese e estrutura do campo literário*, tr. de Maria Lucia Machado, São Paulo, Companhia das Letras, 2005.

BRAUDEL, Fernand, *O modelo italiano*, tr. de Vera Maria Pereira, São Paulo, Companhia das Letras, 2007.

BROOKS, Peter, *The Melodramatic Imagination*. *Balzac, Henry James, and the Mode of Excess*, Nova York, Columbia University Press, 1985.

COHN, Gabriel, "Adorno e a teoria crítica da sociedade", Theodor W. Adorno, *Theodor W. Adorno. Sociologia*, ed. de G. Cohn, São Paulo, Ática, 1994, pp. 7-30.

ECO, Umberto, *Apocalípticos e integrados*, tr. de Pérola de Carvalho, São Paulo, Perspectiva, 1990.

FOURNIER, Marcel, *Marcel Mauss*, Paris, Fayard, 1994.

GEERTZ, Clifford, "Art as a Cultural System", *Local Knowledge. Further Essays in Interpretive Anthropology*, Nova York, Basic Books, 2000, pp. 94-120.

GINZBURG, Carlo, "Sinais. Raízes de um paradigma indiciário", *Mitos, emblemas, sinais. Morfologia e história*, tr. de Federico Carotti, São Paulo, Companhia das Letras, 2002, pp. 143-179.

_____, "David, Marat. Arte, política, religião", tr. de Samuel Titan Jr., *Serrote*, nº 1, 2009, pp. 194-213.

HANSEN, Miriam, "Benjamin, Cinema and Experience: 'The Blue Flower in the Land of Technology'", *New German Critique*, nº 40, 1987, pp. 179-224.

HUBERT, Henri, & MAUSS, Marcel, *Sobre o sacrifício*, tr. de Paulo Neves, São Paulo, Cosac Naify, 2005.

KRACAUER, Siegfried, *Theory of Film. The Redemption of Physical Reality*, Princeton, Princeton University Press, 1997.

_____, *O ornamento da massa*, tr. de Carlos Eduardo Jordão Machado e Marlene Holzhausen, São Paulo, Cosac Naify, 2009.

LAURETIS, Teresa de, *Technologies of Gender. Essays on Theory, Film, and Fiction*, Londres, Macmillan, 1989.

_____, "A tecnologia do gênero", Heloisa Buarque de Hollanda, org., *Tendências e impasses. O feminismo como crítica da cultura*, tr. de Suzana Funck, Rio de Janeiro, Rocco, 1994, pp. 206-242.

MARCONDES FILHO, Ciro, "A análise do produto cultural", Dieter Prokop, *Dieter Prokop. Sociologia*, ed. de C. Marcondes Filho, São Paulo, Ática, 1986, pp. 5-26.

MAUSS, Marcel, *Sociologia e antropologia*, tr. de Paulo Neves, São Paulo, Cosac Naify, 2003.

PONTES, Heloisa, "A burla do gênero. Cacilda Becker, a Mary Stuart de Pirassununga", *Tempo Social*, vol. 16, nº 1, 2004, pp. 231-262.

PROKOP, Dieter, *Dieter Prokop. Sociologia*, ed. de Ciro Marcondes Filho, São Paulo, Ática, 1986.

SOBRAL, Luís Felipe, "Resenha de *O ornamento da massa*", *Tempo Social*, vol. 21, nº 2, 2009, pp. 309-312.

_____, "O durão desarmado e a bonequinha de luxo", *Folha de S. Paulo*, caderno "Ilustríssima", 11 de setembro de 2011, pp. 4-5.

WEBER, Max, "Rejeições religiosas do mundo e suas direções", *Ensaios de sociologia*, ed. de H. H. Gerth e C. Wright Mills, tr. de Waltensir Dutra, Rio de Janeiro, Zahar Editores, 1971, pp. 371-410.

2. Biografias e autobiografias

BACALL, Lauren, *Bacall fenomenal*, tr. de Luiz Horácio da Matta, São Paulo, Círculo do Livro, s/d.

DUCHOVNAY, Gerald, *Humphrey Bogart: A Bio-Bibliography*, Westport, Connecticut, Greenwood Press, 1999.

DUNCAN, Paul, & URSINI, James, *Bogart*, tr. de Yolanda Camarada, Köln, Taschen, 2007.

KANFER, Stefan, *Tough Without a Gun. The Life and Extraordinary Afterlife of Humphrey Bogart*, Nova York, Alfred A. Knopf, 2011.

SPERBER, Ann M., & LAX, Eric, *Bogart*, Nova York, William Morrow, 1997.

3. Cinema

BAECQUE, Antoine de, *Cinefilia. Invenção de um olhar, história de uma cultura, 1944-1968*, tr. de André Telles, São Paulo, Cosac Naify, 2010.

BORDWELL, David, STAIGER, Janet, & THOMPSON, Kristin, *The Classical Hollywood Cinema. Film Style and Mode of Production to 1960*, Nova York, Columbia University Press, 1985.

DOUIN, Jean-Luc, *Dictionnaire de la censure au cinéma*, Paris, Presses Universitaires de France, 1998.

FRIEDRICH, Otto, *A cidade das redes. Hollywood nos anos 1940*, tr. de Ângela Melim, São Paulo, Companhia das Letras, 1988.

HARMETZ, Aljean, *The Making of Casablanca. Bogart, Bergman, and World War II*, Nova York, Hyperion, 2002.

LAX, Eric, *Conversas com Woody Allen. Seus filmes, o cinema e a filmagem*, tr. de José Rubens Siqueira, São Paulo, Cosac Naify, 2008.

ROSTEN, Leo C., *Hollywood. The Movie Colony, the Movie Makers*, Nova York, Harcourt, Brace and Company, 1941.

SCHATZ, Thomas, *Hollywood Genres. Formulas, Filmmaking, and the Studio System*, Nova York, McGraw-Hill, 1981.

_____, *O gênio do sistema. A era dos estúdios em Hollywood*, tr. de Marcelo Dias Almada, São Paulo, Companhia das Letras, 1991.

_____, *Boom and Bust. American Cinema in the 1940s*, Berkeley, University of California Press, 1997.

SKLAR, Robert, *City Boys. Cagney, Bogart, Garfield*, Princeton, Princeton University Press, 1992.

_____, *Movie-Made America. A Cultural History of American Movies*, Nova York, Vintage, 1994.

TRUFFAUT, François, & SCOTT, Helen, *Hitchcock/Truffaut: entrevistas*, tr. de Rosa Freire d'Aguiar, São Paulo, Companhia das Letras, 2004.

XAVIER, Ismail, *O olhar e a cena. Melodrama, Hollywood, Cinema Novo, Nelson Rodrigues*, São Paulo, Cosac Naify, 2003.

4. Internet

The Internet Broadway Database (www.IBDb.com), consultado durante a pesquisa.

The Internet Movid Database (www.IMDb.com), consultado durante todo o processo de pesquisa e redação.

5. Literatura

BORGES, Jorge Luis, "Borges e eu", *O fazedor*, tr. de Josely Vianna Baptista, São Paulo, Companhia das Letras, 2008, pp. 54-55.

CHANDLER, Raymond, *O sono eterno*, tr. de William Lagos, Porto Alegre, L&PM, 2001.

_____, "A simples arte de matar. Um ensaio", *A simples arte de matar. Volume 1*, tr. de Beatriz Viégas-Faria, Porto Alegre, L&PM, 2009, pp. 7-27.

FITZGERALD, F. Scott, *The Last Tycoon*, Londres, Penguin, 2001.

HAMMETT, Dashiell, *Complete Novels*, notas de Steven Marcus, Nova York, The Library of America, 1999.

_____, *O falcão maltês*, tr. de Rubens Figueiredo, São Paulo, Companhia das Letras, 2001.

HEMINGWAY, Ernest, *To Have and Have Not*, Nova York, Charles Scribner's Sons, 1937.

SCHULBERG, Budd, "O velho Scott. O mito, a máscara, o homem", *As quatro estações do sucesso*, Rio de Janeiro, Tempo Brasileiro, 1974.

_____, *O que faz Sammy correr?*, tr. de Terezinha Santos e Isaac Piltcher, Rio de Janeiro, Record, 1994.

_____, *Os desencantados*, tr. de Alexandre Barbosa de Souza, Alípio Correia de Franca Neto e Rodrigo Lacerda, São Paulo, Cosac Naify, 2006.

FILMES CITADOS

Acossado (*À bout de souffle*, dirigido por Jean-Luc Godard, produzido por Georges de Beauregard, Les Films Impéria, Les Productions Georges de Beauregard & Société Nouvelle de Cinématographie, 1960)

Alma no lodo (*Little Caeser*, dirigido por Mervyn LeRoy, produzido por Hal B. Wallis e Darryl Zanuck, First National Pictures, 1931)

Anastasia (*Anastasia*, dirigido por Anatole Litvak, produzido por Buddy Adler, Fox, 1956)

aventura na África, Uma (*The African Queen*, dirigido por John Huston, produzido por Sam Spiegel e John Woolf, Romulus Films & Horizon Pictures, 1951)

Balas contra a Gestapo (*All Through the Night*, dirigido por Vincent Sherman, produzido por Jerry Wald e Hal B. Wallis, Warner, 1941)

barreira, A (*Bordertown*, dirigido por Archie Mayo, produzido por Hal B. Wallis e Jack Warner, Warner, 1935)

Big Sleep: 1945/46 Comparisons, The (Turner Entertainment Co., 1997)

Big Sleep: 1945 Pre-Release Version (preservado por UCLA Film and Television Archive e Turner Entertainment Co.)

Carnaval na neve (*Winter Carnival*, dirigido por Charles Reisner, produzido por Walter Wanger, Walter Wanger Productions, 1939)

Comboio para o leste (*Action in the North Atlantic*, dirigido por Lloyd Bacon, Byron Haskin e Raoul Walsh, produzido por Jerry Wald e Jack L. Warner, Warner, 1943)

Confissões de um espião nazista (*Confessions of a Nazi Spy*, dirigido por Anatole Litvak, produzido por Hal B. Wallis e Jack Warner, First National Pictures & Warner, 1939)

Conflito d'alma (*Conflict*, dirigido por Curtis Bernhardt, produzido por William Jacobs e Jack L. Warner, Warner, 1945)

corpo que cai, Um (*Vertigo*, dirigido por Alfred Hitchcock, produzido por Alfred Hitchcock e Herbert Coleman, Alfred Hitchcock Productions & Paramount, 1958)

Dentro da noite (*They Drive by Night*, dirigido por Raoul Walsh, produzido por Hal B. Wallis, Warner, 1940)

...E o vento levou (*Gone With the Wind*, dirigido por Victor Fleming, George Cukor e Sam Wood, produzido por David Selznick, Selznick International Pictures & MGM, 1939)

falcão maltês, O (*The Maltese Falcon*, dirigido e produzido por Roy Del Ruth, Warner, 1931)

floresta petrificada, A (*The Petrified Forest*, dirigido por Archie Mayo, produzido por Hal B. Wallis, Warner, 1936)

Garras amarelas (*Across the Pacific*, dirigido por John Huston e Vincent Sherman, produzido por Jack Saper e Jerry Wald, Warner, 1942)

grande ilusão, A (*La Grande illusion*, dirigido por Jean Renoir, produzido por Albert Pinkovitch e Frank Rollmer, Réalisation d'art cinématographique, 1937)

Heróis esquecidos (*The Roaring Twenties*, dirigido por Raoul Walsh, produzido por Hal B. Wallis, Warner, 1939)

Inimigo público (*Public Enemy*, dirigido por William Wellman, produzido por Darryl Zanuck, Warner, 1931)

Jezebel (*Jezebel*, dirigido por William Wyler, produzido por William Wyler e Hal B. Wallis, Warner, 1938)

Joana d'Arc (*Joan of Arc*, dirigido por Victor Fleming, produzido por Walter Wanger, Sierra Pictures, 1948)

mágico de Oz, O (*The Wizard of Oz*, dirigido por Victor Fleming, Mervyn LeRoy, Richard Thorpe e King Vidor, produzido por Mervyn LeRoy e Arthur Freed, Loew's & MGM, 1939)

Pacto de sangue (*Double Indemnity*, dirigido por Billy Wilder, produzido por Buddy G. DeSilva e Joseph Sistrom, Paramount, 1944)

Pacto sinistro (*Strangers on a Train*, dirigido e produzido por Alfred Hitchcock, Warner, 1951)

Passagem para Marselha (*Passage to Marseille*, Michael Curtiz, Hal B. Wallis e Jack Warner, Warner, 1944)

Perigosa (*Dangerous*, dirigido por Alfred E. Green, produzido por Hal B. Wallis e Jack Warner, Warner & The Vitaphone Corp. , 1935)

proscrito, O (*The Outlaw*, dirigido por Howard Hughes e Howard Hawks, produzido por Howard Hughes, Hughes Productions, 1943)

Quando os destinos se cruzam (*Confidential Agent*, dirigido por Herman Shumlin, produzido por Robert Buckner e Jack L. Warner, Warner, 1945)

Rebecca, a mulher inesquecível (*Rebecca*, dirigido por Alfred Hitchcock, produzido por David Selznick, Selznick International Picture, 1940)

regra do jogo, A (*La Règle du jeu*, dirigido e produzido por Jean Renoir, Nouvelles Éditions de Films, 1939)

rosa púrpura do Cairo, A (*The Purple Rose of Cairo*, dirigido por Woody Allen, produzido por Robert Greenhut, Charles H. Joffe, Michael Peyser, Jack Rollins e Gail Sicilia, Orion, 1985)

Saara (*Sahara*, dirigido por Zoltan Korda, produzido por Harry Joe Brown, Columbia, 1943)

Sabrina (*Sabrina*, dirigido e produzido por Billy Wilder, Paramount, 1954)

Satã encontra uma dama (*Satan Met a Lady*, dirigido por William Dieterle, produzido por Henry Blanke, Warner, 1936)

Filmes citados

Sindicato de ladrões (*On the Waterfront*, dirigido por Elia Kazan, produzido por Sam Spiegel, Horizon & Columbia, 1954)

sinos de Santa Maria, Os (*The Bells of Saint Mary's*, dirigido e produzido por Leo McCarey, Rainbow Productions, 1945)

Sonhos de um sedutor (*Play It Again, Sam*, dirigido por Herbert Ross, produzido por Frank Capra Jr., Arthur P. Jacobs e Charles H. Joffe, Paramount, APJAC Productions & Rollins-Joffe Productions, 1972)

tesouro de Sierra Madre, O (*Treasure of the Sierra Madre*, dirigido por John Huston, produzido por Henry Blanke e Jack L. Warner, Warner & First National Pictures, 1948)

último refúgio, O (*High Sierra*, dirigido por Raoul Walsh, produzido por Hal B. Wallis, Warner, 1940)

Vida de Émile Zola (*Life of Emile Zola, The*, dirigido e produzido por William Dieterle, Warner, 1937)

FICHA TÉCNICA DOS FILMES ANALISADOS

O falcão maltês

Título original: The Maltese Falcon
Produção: Warner Bros. Pictures, de 9 de junho a 18 de julho de 1941
Direção: John Huston
Roteiro: John Huston, a partir do romance homônimo de Dashiell Hammett
Produtor executivo: Hal B. Wallis
Produtor associado: Henry Blanke
Música original: Adolph Deutsch
Cinematografia: Arthur Edison
Edição: Thomas Richards
Direção de arte: Robert Haas
Design de figurino: Orry-Kelly
Som: Oliver S. Garretson
Direção musical: Leo F. Forbstein
Diretor de diálogo: Robert Foulk
Orçamento: US$ 300 mil (estimado)
Local de filmagem: São Francisco (Califórnia, EUA) e Warner Bros. Burbank Studios
Distribuição: Warner Bros. Pictures (cinema) e Warner Home Video (DVD)
Lançamento: 3 de outubro de 1941 (*première* em Nova York) e 18 de outubro de 1941
P&B, 35 mm, 100 min.
Elenco: Humphrey Bogart (Sam Spade), Mary Astor (Brigid O'Shaughnessy), Gladys George (Iva Archer), Peter Lorre (Joel Cairo), Barton MacLane (tenente Dundy), Lee Patrick (Effie Perine),

Sydney Greenstreet (Casper Gutman), Ward Bond (detetive Tom Polhaus), Jerome Cowan (Miles Archer), Elisha Cook Jr. (Wilmer Cook), James Burk (Luke), Murray Alper (Frank Richman), John Hamilton (promotor de Justiça Bryan)

Casablanca

Título original: Casablanca

Produção: Warner Bros. Pictures, de 25 de maio a 3 de agosto de 1942

Direção: Michael Curtiz

Roteiro: Julius J. Epstein, Philip G. Epstein, Howard Koch e Casey Robinson (não creditado), a partir da peça *Everybody Comes to Rick's*, de Murray Burnett e Joan Alison

Produtor: Hal B. Wallis

Produtor executivo: Jack L. Warner

Música original: Max Steiner

Cinematografia: Arthur Edison

Edição: Owen Marks

Direção de arte: Carl Jules Weyl

Decoração do set: George James Hopkins

Design de figurino: Orry-Kelly

Maquiagem: Perc Westmore

Som: Francis J. Scheid

Efeitos especiais: Lawrence W. Butler e Willard Van Enger

Diretor musical: Leo L. Forbstein

Arranjo musical: Hugo Friedhofer

Canções: M. K. Jerome, Jack Scholl

Consultor técnico: Robert Aisner

Montagens: James Leicester, Don Siegel

Diretor de diálogo: Hugh MacMullan

Orçamento: US$ 950 mil (estimado)

Local de filmagem: aeroporto Van Nuys (Los Angeles, Califórnia, EUA) e Warner Bros. Burbank Studios

Distribuição: Warner Bros. Pictures (cinema) e Warner Home Video (DVD)

Lançamento: 26 de novembro de 1942 (*première* em Nova York) e 23 de janeiro de 1943

P&B, 35 mm, 102 min.

Elenco: Humphrey Bogart (Rick Blaine), Ingrid Bergman (Ilsa Lund), Paul Henreid (Victor Laszlo), Claude Rains (capitão Renault), Conrad Veidt (major Strasser), Sydney Greenstreet (*signor* Ferrari), Peter Lorre (Ugarte), S. Z. Sakall (Carl), Madeleine Lebeau (Yvonne), Dooley Wilson (Sam), Joy Page (Annina Brandel), John Qualen (Berger), Leonid Kinskey (Sascha), Curt Bois (batedor de carteiras)

Ficha técnica dos filmes analisados

Uma aventura na Martinica

Título original: To Have and Have Not
Produção: Warner Bros. Pictures, de 29 de fevereiro a 10 de maio de 1944
Direção: Howard Hawks
Roteiro: Jules Furthman, William Faulkner, a partir do romance homônimo de Ernest Hemingway
Produtor: Howard Hawks
Produtor executivo: Jack L. Warner
Cinematografia: Sidney Hickox
Edição: Christian Nyby
Direção de arte: Charles Novi
Decoração do set: Casey Roberts
Design de figurino: Milo Anderson
Maquiagem: Perc Westmore
Som: Oliver S. Garretson
Efeitos especiais: Roy Davidson, Rex Wimpy
Diretor musical: Leo L. Forbstein
Consultor técnico: Louis Comien
Local de filmagem: Warner Bros. Burbank Studios
Distribuição: Warner Bros. Pictures (cinema) e Warner Home Video (DVD)
Lançamento: 11 de outubro de 1944 (*première* em Nova York) e 20 de janeiro de 1945
P&B, 35 mm, 100 min.
Elenco: Humphrey Bogart (Harry "Steve" Morgan), Walter Brennan (Eddie), Lauren Bacall (Marie "Slim" Browning), Dolores Moran (madame Helene de Bursac), Hoagy Carmichael (Cricket), Sheldon Leonard (tenente Coyo), Walter Szurovy (Paul de Bursac), Marcel Dalio (francês), Walter Sande (Johnson), Dan Seymour (capitão M. Renard), Aldo Nadi (guarda-costas de Renard)

À beira do abismo

Título original: The Big Sleep
Produção: Warner Bros. Pictures, de 10 de outubro de 1944 a 12 de janeiro de 1945; janeiro de 1946 (refilmagens)
Direção: Howard Hawks
Roteiro: William Faulkner, Leigh Brackett, Jules Furthman, a partir do romance homônimo de Raymond Chandler
Produtor executivo: Jack L. Warner
Música original: Max Steiner
Cinematografia: Sidney Hickox
Edição: Christian Nyby
Direção de arte: Carl Jules Weyl

Decoração do set: Fred M. MacLean
Maquiagem: Perc Westmore
Som: Robert B. Lee
Efeitos especiais: Roy Davidson, Warren Lynch
Figurino: Leah Rhodes
Diretor musical: Leo L. Forbstein
Local de filmagem: Warner Bros. Burbank Studios
Distribuição: Warner Bros. Pictures (cinema) e Warner Home Video (DVD)
Lançamento: 23 de agosto de 1946 (*première* em Nova York) e 31 de agosto de 1946
P&B, 35 mm, 114 min.
Elenco: Humphrey Bogart (Philip Marlowe), Lauren Bacall (Vivian Rutledge), John Ridgely (Eddie Mars), Martha Vickers (Carmen Sternwood), Dorothy Malone (proprietária da Acme Book Shop), Peggy Knudsen (Mona Mars), Regis Toomey (inspetor chefe Bernie Ohls), Charles Waldron (general Sternwood), Charles D. Brown (Norris, o mordomo), Bob Steel (Lash Canino), Elisha Cook Jr. (Harry Jones), Louis Jean Heydt (Joe Brody)

ANTROPOLOGIA HOJE

A coleção **ANTROPOLOGIA HOJE** é uma parceria da Terceiro Nome e do NAU-USP para a divulgação de trabalhos, ensaios e resultados de pesquisas etnográficas na área da antropologia voltados à dinâmica cultural e aos processos sociais contemporâneos.

Conselho Editorial José Guilherme Cantor Magnani (diretor) – NAU/USP
Luiz Henrique de Toledo – UFSCar
Renata Menezes – MN/UFRJ
Ronaldo de Almeida – Unicamp/Cebrap
Luis Felipe Kojima Hirano (Coordenador) – FSC-UFG

Outros títulos publicados

Antropologia da cidade: lugares, situações, movimentos
Michel Agier
216 pp. / 14 x 21 cm – ISBN 978 85 78 16 077 7

Antropologia e performance: ensaios Napedra
John C. Dawsey, Regina P. Müller, Rose Satiko Gitirana Hikiji e Marianna F. M. Monteiro (orgs.)
504 pp. / 16 x 23 cm – ISBN 978 85 7816 127 9

Cadeias dominadas: a Fundação CASA, suas dinâmicas e as trajetórias de jovens internos
Fábio Mallart
264 pp. / 14 x 21cm – ISBN 978 85 7816 131 6

Ciências na vida: antropologia da ciência em perspectiva
Claudia Fonseca, Fabiola Rohden e Paula Sandrine Machado (orgs.)
312 pp. / 14 x 21 cm – ISBN 978 85 7816 098 2

Cultura, percepção e ambiente: diálogos com Tim Ingold
Carlos Alberto Steil e Isabel Cristina de Moura Carvalho (orgs.)
240 pp. / 23 x 16 cm – ISBN 978 85 7816 090 6
não é comercializado

Cultura surda: agentes religiosos e a construção de uma identidade
César Augusto de Assis Silva
248 pp. / 14 x 21 cm – ISBN 978 85 7816 097 5

Dança popular: espetáculo e devoção
Marianna Monteiro
240 pp. / 16 x 23 cm – ISBN 978 85 7816 083 8

Da periferia ao centro: trajetórias de pesquisa em Antropologia Urbana
José Guilherme C. Magnani
352 pp. / 14 x 21 cm – ISBN 978 85 7816 096 8

De que riem os boias-frias? – diálogos de antropologia e teatro
John C. Dawsey
304 pp. / 14 x 21 cm – ISBN 978 85 7816 128 6

Fora de contexto: as ficções persuasivas da antropologia
Marilyn Strathern, com comentários de M. R.Crick, Richard Fardon, Elvin Hatch, I. C. Jarvie, Rix Pinxten, Paul Rabinow, Elizabeth Tonkin, Stephen A. Tyler e George E. Marcus, seguidos de resposta da autora.
160 pp./ 14 x 21 cm – ISBN 978 85 7816 108 8

Gente livre: consideração e pessoa no baixo sul da Bahia
João de Pina-Cabral e Vanda Aparecida da Silva
168 pp. / 14 x 21 cm – ISBN 978 85 7816 112 5

A Igreja Universal e seus demônios: um estudo etnográfico
Ronaldo de Almeida
152 pp. / 14 x 21 cm – ISBN 978 857 816 034 0

Imagem-violência: etnografia de um cinema provocador
Rose Satiko Gitirana Hikiji
200 pp. / 14 x 21 cm – ISBN 978 85 7816 102 6

Jogo, ritual e teatro: um estudo antropológico do tribunal do júri
Ana Lúcia Pastore Schritzmeyer
296 pp. / 14 x 21 cm – ISBN 978 85 7816 103 3

Jovens na metrópole: etnografias de circuitos de lazer, encontro e Sociabilidade
José Guilherme C. Magnani e Bruna Mantese (orgs.)
280 pp. / 16 x 23 cm – ISBN 978 85 8755 693 6

Junto e misturado: uma etnografia do PCC
Karina Biondi
248 pp. / 14 x 21 cm – ISBN 978 85 7816 052 4

Nas tramas do crack: etnografia da abjeção
Taniele Rui
400 pp. / 14 x 21 cm – ISBN 978 85 7816 148 4

Paisagens Ameríndias: lugares, circuitos e modos de vida na Amazônia
Marta Amoroso e Gilton Mendes dos Santos (orgs.)
344 pp. / 16 x 23 cm – ISBN 978 85 7816 126 2

Raça, etnicidade, sexualidade e gênero: em perspectiva comparada
Cristina Donza Cancela, Laura Moutinho e Júlio Assis Simões (orgs.)
312 pp. / 16 x 23 cm – ISBN 978 85 7816 129 3

A religião no espaço público
Ari Pedro Oro, Carlos Alberto Steil, Roberto Cipriani e Emerson Giumbelli (orgs.)
216 pp. / 14 x 21 cm – ISBN 978 85 7816 101 9

Religiões e cidades: Rio de Janeiro e São Paulo
Clara Mafra e Ronaldo de Almeida (orgs.)
248 pp. / 16 x 23 cm – ISBN 978 85 7816 049 4

Reminiscências de quilombos: territórios da memória em uma comunidade negra rural
Marcelo Moura Mello
272 pp. / 14 x 21 cm – ISBN 978 85 7816 087 6

Símbolos religiosos em controvérsias
Emerson Giumbelli
248 pp. / 16 x 23 cm – ISBN 978-85-7816-137-8

Terra de índio: imagens em aldeamentos do Império
Marta Amoroso
248 pp. / 14 x 21 cm – ISBN 978-85-7816-147-7

Transnacionalização religiosa: fluxos e redes
Ari Pedro Oro, Carlos Alberto Steil e João Rickli (orgs.)
208 pp. / 14 x 21 cm – ISBN 978 85 7816 093 7

Visão de jogo: antropologia das práticas esportivas
Luiz Henrique de Toledo e Carlos Eduardo Costa (orgs.)
280 pp. / 16 x 23 cm – ISBN 978 85 7816 043 2